BEDINGUNGSLOSES GRUNDEINKOMMEN

HERDPRÄMIE ODER BOOSTER FÜR GESCHLECHTERGERECHTIGKEIT?

ÜBERLEGUNGEN ZUM GRUNDEINKOMMEN

BAND 4

ROSWITHA MINARDI

Impressum

Herausgegeben von der

Friedensakademie Linz
www.friedensakademie.at
ZVR 4551865657

und dem

Verein zur Förderung der Grundeinkommensidee
www.das-grundeinkommen.org
ZVR 1227529269

Bibliografische Information der Deutschen Nationalbibliothek: Die Deutsche Nationalbibliothek verzeichnet diese Publikation in der Deutschen Nationalbibliografie; detaillierte bibliografische Daten sind im Internet über http://dnb.dbd.de abrufbar.

Herstellung und Verlag: BoD – Books on Demand, Norderstedt

Korrektorat: Brigitte Matern, Konstanz
Coverfoto: Engin Akyurt @pixabay
Cartoons: Bettina Bexte, www.bettinabexte.de
und Christiane Pfohlmann www.pfohlmann.de

© 2022 Roswitha Minardi

ISBN: 9 783755 799092

Für Nadine, Romeo und Matteo

Inhalt

Vorwort

von Margit Appel

Wer macht denn noch die schlecht bezahlte Arbeit, wenn es ein bedingungsloses Grundeinkommen (BGE) gibt? Ohne diese Frage kommt kaum eine Diskussion zum BGE aus. Über die Jahre meines Engagements für das Grundeinkommen ist mir immer stärker aufgefallen, dass eine andere Frage nie kommt: Wer macht dann noch die unbezahlte Arbeit rund ums Kinderhaben, Haushalt, Kranken- und Altenpflege – die sogenannte Sorge- oder Care-Arbeit? Menschen sorgen sich, dass Jobs in der Reinigung, im Handel, im Bereich der persönlichen Dienstleistungen, im Pflege- und Gesundheitswesen, in der Gastronomie aufgrund der schlechten Bilanz zwischen Einkommen und Arbeitsbedingungen nicht mehr nachgefragt werden, wenn es ein Grundeinkommen gibt. Sie haben aber keine Sorge, dass die unbezahlte Sorge-Arbeit nicht mehr gemacht wird, wenn es ein Grundeinkommen gibt!

Wir Durchschnitts- und Besserverdiener:innen sind ganz zufrieden damit, dass andere zu jeder Bedingung erwerbsarbeiten müssen und aus Angst vor Jobverlust und Arbeitslosigkeit nicht wählerisch sein dürfen. So müssen wir nicht auf individuelle Bequemlichkeiten verzichten, weil immer irgendwer den Essensboten-Job oder die Stelle als mobile Heimpflegerin dringend braucht. Politische Lösungen für den Bereich der Pflege etwa oder der Plattformarbeit können ohne große Konsequenzen für die politisch Verantwortlichen auf die lange Bank geschoben werden. Die Systemerhalter:innen, zu einem großen Teil Frauen und uns erst in der Corona-Pandemie so wirklich aufgefallen, halten unser Wirtschaftssystem ohnehin am Laufen. Man kann diese Zusammenhänge pragmatisch sehen, man kann aber auch sehr unzufrieden damit sein, dass wir vom Zwang zur Erwerbsarbeit so deutlich profitieren. Die Frage, wer wird noch die schlecht bezahlten Dinge machen, wenn es ein Grundeinkommen gibt, ist jedenfalls eine sehr verräterische Frage.

Dass nicht danach gefragt wird, wer die unbezahlte Arbeit macht, ist alarmierend. Alarmierend, weil davon ausgegangen wird, Frauen ändern auch mit einem BGE nichts an ihrer Hauptzuständigkeit für die unbezahlte und stets übersehene Sorge-Arbeit. Alarmierend für die Grundeinkommensdiskussion, weil damit deutlich wird, welche Bedeutung die Wirkung eines BGE für mehr Freiheit und mehr soziale Sicherheit von Frauen hat, und weil diese Bedeutung in der Grundeinkommens-Debatte selbst noch zu wenig angekommen ist.

Roswitha Minardi hat die Bedeutung erkannt, die es hat, in der Konzeption des BGE, in Finanzierungsfragen, in der theoretischen Fundierung, in der konstruktiven Verknüpfung mit bisherigen frauenpolitischen Positionen, wie sie schreibt „die Frauen-Brille" aufzusetzen, die Brille der Geschlechtergerechtigkeit. Mit ihrem Buch „Bedingungsloses Grundeinkommen. Herdprämie oder Booster für Geschlechtergerechtigkeit?" stellt sie sich – das zu bearbeitende Spannungsfeld schon im Titel pointiert gefasst – der zu leistenden Aufgabe. Damit liegt ein Beitrag auf dem Tisch, der – klar für das Bedingungslose Grundeinkommen werbend – zentrale Aspekte der bisherigen frauenpolitischen Debatte um das BGE aufgreift, darüber hinausgeht und zur Auseinandersetzung mit den ausgeführten Argumenten und Sichtweisen einlädt.

Niemandem ist mit einer naiven Sicht auf das BGE geholfen, schon gar nicht Frauen. Wunder hinsichtlich Geschlechtergerechtigkeit sind keine zu erwarten. Aber Frauen und hoffentlich auch viele Männer haben die Lektion aus der bisherigen Geschichte der Frauenbewegungen und der Bemühungen um Gleichstellung und

Geschlechtergerechtigkeit gelernt: ohne Kampf und enormes Durchhaltevermögen bewegt sich nichts in Richtung einer „postpatriarchalen" Gesellschaft, wie Minardi sie beschreibt. Die Bemühungen um ein BGE ersetzen in keiner Weise die vielen frauen- und gleichstellungspolitischen Bemühungen, die am Weg sind. Ein BGE ersetzt auch in keiner Weise einen gut ausgebauten Sozialstaat in Form einer qualitativ hochwertigen, für alle zugänglichen Infrastruktur für Wohnen, Energie, Mobilität, Gesundheit, Kinderbetreuung, Bildung. Was das BGE aber gerade auch aus feministischer Sicht zu all diesen Bemühungen beisteuert, ist die soziale Innovation eines bedingungslosen Einkommens, in existenzsichernder Höhe, als allgemeines individuelles Recht verankert. Eine solche Form von Einkommenssicherheit und sozialer Sicherheit hat es historisch noch nicht gegeben. Es könnte das bislang fehlende Element sozialer Sicherheit sein, das es mehr Frauen als bisher und vielen Frauen in größerem Ausmaß möglich macht, eine Änderung der sie diskriminierenden Arbeitsteilung – im Bereich der bezahlten und der unbezahlten Arbeit – durchzusetzen, individuell und für eine geschlechtergerechte Gesellschaft. Es könnte aber auch – und vielleicht ist das sogar der wesentlichere Aspekt eines Grundeinkommens – ein entscheidender Anstoß für die gerade in den Frauenbewegungen intensiv geführte Debatte über Freiheit sein. Feminismus ist nicht reduzierbar auf soziale Fragen, wenngleich diese eine große Rolle spielen. Noch wichtiger ist die politische Vision der Freiheit der Frauen, im (individuellen und gemeinschaftlichen) Handeln, die Welt umzugestalten. Wie schon Simone de Beauvoir gefordert hat, geht es darum, neue Optionen zu schaffen, statt sich lediglich zwischen bestehenden Alternativen zu entscheiden.[1]

---

[1] Zerilli, Linda M.G.: Feminismus und der Abgrund der Freiheit; 2010, S. 250

Dem vorliegenden Buch wünsche ich viele Leser:innen. Die damit ausgelösten Gespräche und Debatten – durchaus auch um Details der Ausgestaltung des Grundeinkommens, da ja verschiedene Modelle vorliegen – mögen zahlreich sein!

Margit Appel

 Mag.a Margit Appel ist Politikwissenschafterin und Erwachsenenbildnerin. Sie ist als freie Referentin und Autorin tätig. Engagiert ist sie im Netzwerk Grundeinkommen und sozialer Zusammenhalt – BIEN Austria und in der Österreichischen Armutskonferenz.

Einleitung

Das bedingungslose Grundeinkommen (BGE) wird seit vielen Jahren immer wieder diskutiert, das Interesse daran flammte über die Jahrzehnte fast regelmäßig auf, um dann auch wieder abzuebben. In den letzten dreißig Jahren erlebte die Bewegung der Befürworter:innen ein dynamisches Wachstum, das nicht zuletzt durch die Pandemie befeuert wurde und vor diesem Hintergrund an eine breitere Öffentlichkeit gelangte. Die Persönlichkeiten und Denker:innen, die sich damit in der Vergangenheit auseinandersetzten und auch heute dazu publizieren, kommen weitgehend aus den Bereichen Soziologie, Wirtschaftswissenschaft und Philosophie. Beiträge von sozialpolitisch engagierten Menschen bereichern die Diskussion. Die meisten Thesen und Betrachtungen beziehen sich auf die Auswirkungen, die das BGE auf die Gesellschaft, das Individuum und die Wirtschaft haben wird. Ein großes Kernthema ist natürlich die Finanzierung; die Debatten dazu werden meistens sehr polarisierend geführt.

Dank der Experimente[2] in diversen Ländern mit verschiedenen Ansätzen zum Grundeinkommen ist es mittlerweile unbestritten, dass diese Existenzsicherung auf die Bezieher:innen selbst sehr positive Auswirkungen hat. Die Menschen leben mit BGE gesünder, haben weniger Stress und bekommen wieder mehr Selbstvertrauen. Diese Resultate sind überall die gleichen und empirisch untersucht, egal ob

---

[2] 15.12.2021: https://www.visualcapitalist.com/map-basic-income-experiments-world/

die Experimente in Kalifornien[3], Finnland[4] oder Kenia[5] stattgefunden haben.

Zu den Auswirkungen auf die Wirtschaft und das Geldsystem gibt es bislang keine empirischen Studien. Die dazu entwickelten Thesen und Antithesen kommen zu unterschiedlichen Resultaten, je nach Wirtschaftstheorie und dahinterstehendem Menschenbild. Bisher wurde weltweit noch nirgends ein Experiment in ausreichendem Umfang, über einen ausreichend langen Zeitraum und in einem aussagekräftigen, alle Lebensbereiche einer Gesellschaft und vor allem alle ihre Mitglieder einbeziehenden Ausmaß durchgeführt. Ein Experiment in dieser Größenordnung würde allerdings schon der Einführung eines BGE entsprechen.

Es gibt noch viele Unbekannte, das macht es oft auch schwer, andere von der Idee des BGE zu überzeugen. Wie wirkt sich ein BGE auf die Preisentwicklung aus? Wie auf den Arbeitsmarkt? Veränderung macht Angst, das haben wir erst vor wenigen Monaten inmitten der Pandemie am eigenen Leib gespürt, und das könnte einer der Gründe sein, dass bisher noch nirgends auf der Welt ein Staat ein Grundeinkommen eingeführt hat.

Ein weiterer Grund für dieses Zögern ist der zu erwartende Machtverlust. Unsere Wirtschaft wird von einer immer geringer werdenden Anzahl an Global Playern beeinflusst; viel Geld, Einfluss und Macht liegen also in immer weniger Händen. Würden die Zwangsmaßnahmen wegfallen (z.B. Sanktionen bei

---

[3] 15.12.2021: https://www.npr.org/2021/03/04/973653719/california-program-giving-500-no-strings-attached-stipends-pays-off-study-finds
[4] 15.12.2021: https://www.kela.fi/web/en/news-archive/-/asset_publisher/IN08GY2nIrZo/content/results-of-the-basic-income-experiment-small-employment-effects-better-perceived-economic-security-and-mental-wellbeing
[5] 15.12.2021: https://www.givedirectly.org/ubi-study/

Arbeitsunwilligkeit, Befristung von Unterstützungszahlungen, Bedürftigkeitsnachweise etc.), durch die jeder Mensch seine Arbeitskraft und seine Zeit verkaufen muss, um im Austausch dafür Geld zum Leben oder gar zum Überleben zu bekommen, würde sich das Verhältnis zwischen Arbeitnehmer:innen und Arbeitgeber:innen verändern. Menschen könnten es sich dann leisten, weniger Stunden zu arbeiten – das ist ein Ergebnis aus diversen Experimenten –, und sich dann mehr der Familie, gemeinnütziger Arbeit, künstlerischen Tätigkeiten oder einfach ihren Hobbys widmen. Nach dem Ausstieg aus dem „Turbohamsterrad" bliebe mehr Zeit zum Nachdenken. Ob das globale kapitalistische System überlebt, wenn ein kollektiver Nachdenkprozess über die herrschenden Verhältnisse eintritt? Es ist zu bezweifeln.

Ein entlarvendes Beispiel für die Angst vor Machtverlust ist, was sich zutrug, als Richard Nixon 1968 den „Family Assistance Plan"[6], eine Variante eines Grundeinkommens, einführen wollte: Plötzlich tauchte eine Studie auf, der zufolge während eines BGE-Experiments in Seattle die Scheidungsrate um mehr als 50 Prozent angestiegen sein soll. Diese Behauptung stellte sich hinterher als falsch heraus. Dennoch wurden alle positiven Ergebnisse, wie bessere Bildung oder stabilere Gesundheit, davon überschattet. Offensichtlich ging es den Entscheidungsträgern nicht um das Volkswohl, sie hatten Angst vor einer größeren Unabhängigkeit der Frauen.

Was bedeutet aber das BGE wirklich für Frauen? Wie wird, wie könnte es ihr Leben, ja das patriarchale System verändern? In welchen Realitäten leben Frauen heute? Jährlich kehren die gleichen Artikel wieder, die von Gender Pay Gap, Altersarmut von Frauen,

---

[6] 15.12.2021: https://thecorrespondent.com/4503/the-bizarre-tale-of-president-nixon-and-his-basic-income-bill/173117835-c34d6145

Mehrfachbelastung durch Erwerbsarbeit, Familie und Pflege von Angehörigen berichten. Aber haben sich dadurch über die Jahre die Einkommensunterschiede zwischen den Geschlechtern verändert? Höchstens im einstelligen Prozentbereich und oft nicht einmal das. 2018 bekamen Frauen in Österreich im Durchschnitt 20,4 Prozent weniger Bruttogehalt pro Stunde als Männer, 2019 schloss sich diese Schere um lediglich 0,5 Prozent auf 19,9 Prozent.[7] Übersetzt bedeutet das, dass ein Mann durchschnittlich einen Euro brutto pro Stunde verdient, eine Frau aber nur 0,84 Cent. Oft sogar für die gleiche Arbeitsleistung.

Dieses Buch hat zum Ziel, die Vor- und auch die möglichen Nachteile, die ein bedingungsloses Grundeinkommen für Frauen bereithalten könnte, zu identifizieren, zu diskutieren und Schlüsse für zukünftige Entscheidungen und Maßnahmen zu ziehen.

In den meisten Rechenbeispielen und Vorschlägen zur Implementierung des BGE in Österreich wird auf das Linzer Modell[8] zur Finanzierung des Grundeinkommens zurückgegriffen bzw. auch darauf verwiesen. Eine Beschreibung des Modells findet sich im Anhang.

Zur Sprache: Um der Geschlechtergerechtigkeit auch in schriftlicher Form zu entsprechen, findet in diesen Texten, mangels einer allgemeingültigen Übereinkunft, eine experimentelle Herangehensweise Anwendung: Einerseits setzt die Autorin den Doppelpunkt ein (z.B. Jurist:in), andererseits verwendet sie beliebig die männliche und weibliche Form (z.B. Lehrerinnen und Pfleger).

---

[7] 15.12.2021: https://www.bundeskanzleramt.gv.at/agenda/frauen-und-gleichstellung/gleichstellung-am-arbeitsmarkt/einkommen-und-der-gender-pay-gap.html
[8] Ettl, P.: Das Linzer Modell für ein Bedingungsloses Grundeinkommen; 2021

Setzen wir uns nun also die Frauen-Brille auf und betrachten wir die Utopie des bedingungslosen Grundeinkommens aus weiblicher bzw. geschlechtergerechter Perspektive.

Jede zivilisatorische Errungenschaft
war irgendwann einmal
eine utopische Fantasie.
RUTGER BREGMAN

Grundeinkommen – Um was geht's da genau?

Spricht man vom bedingungslosen Grundeinkommen, blickt man nicht selten in verständnislose Gesichter. Oder es wird gleich abgewunken mit dem Kommentar, dass es nicht finanzierbar sei und niemand mehr arbeiten gehen würde. Es kommen aber immer öfter auch positive Reaktionen. In den Jahren der weltweiten Corona-Pandemie wurde vielen Menschen bewusst, wie fragil doch die vermeintliche Jobsicherheit ist, und sie sahen, dass der Staat plötzlich recht viel Geld zum Umverteilen für die Existenzsicherung zur Verfügung hat. Es scheint angekommen zu sein: Die Verantwortlichen müssen es nur wollen, dann funktioniert auch das vorher Undenkbare. Eine sehr wertvolle Erkenntnis. Die Zeit, die einigen Menschen geschenkt wurde, hatte Raum zum Nachdenken geschaffen. Selbst sogenannte Leistungsträger:innen erkannten, dass uns nur Solidarität und Zusammenhalt weiterbringen können. Oder wollen wir tatsächlich so weitermachen wie vorher? Zurück in die alte „Normalität", wie immer sich diese definiert?

Die wirtschaftlichen Vollbremsungen legten systemische Verwerfungen offen. Profitorientiertes Spitalsmanagement hat Personalressourcen kaputtgespart, Systemerhalter:innen, vorher kaum von der Politik beachtet, wurden zu Held:innen stilisiert, darunter eine große Anzahl an Frauen, die im Lebensmittelhandel und in Pflegeberufen tätig sind. Doch haben das Lob und die Aufmerksamkeit ihnen etwas gebracht? Bleibt nach der Pandemie alles beim Alten? Ideen für die Behebungen der Missstände gibt es genug. Wir müssen uns nur die Mühe machen, uns damit auseinanderzusetzen, zu diskutieren, konstruktiv zu streiten und Schritt für Schritt die Notwendigkeit der Veränderung erkennen.

Eine Idee, die vor allem für Frauen von Bedeutung wäre und die große Erleichterung brächte, ist das bedingungslose Grundeinkommen. Aber was ist das nun eigentlich?

Definition des bedingungslosen Grundeinkommens

Betrachten wir zuerst die vier Grundsätze des bedingungslosen Grundeinkommens, die von internationalen, das BGE befürwortenden Organisationen definiert wurden. Ein BGE, das diesen Namen auch verdient, ist *universell, individuell, ausreichend hoch* und *bedingungslos*. Jede andere Zahlung eines Staates an seine Bürger:innen, die eines dieser Kriterien nicht erfüllt, ist kein Grundeinkommen, sondern in den meisten Fällen eine Sozialleistung oder Grundsicherung. Das BGE muss auch in der Verfassung verankert werden, damit im Falle von Regierungswechseln diese Leistung nicht einfach wieder abgeschafft werden kann.

_universell

Jede Person, die in einer politischen Einheit lebt, in der beschlossen wurde, das BGE zu implementieren, ist Empfänger:in desselben.

_individuell

Jedes einzelne Mitglied dieser Einheit bekommt das BGE ausbezahlt, ob es nun in einer Wohngemeinschaft, mit der Familie oder alleinstehend lebt.

_ausreichend hoch

Die Höhe eines BGE muss sich mindestens an der Armutsgrenze orientieren. In Österreich liegt diese zum Zeitpunkt der

Veröffentlichung dieser Schrift (2022) bei 1.328 Euro für eine alleinstehende Person.[9]

_*bedingungslos*

Für die Auszahlung des BGE muss keine wie immer geartete Gegenleistung erbracht werden. Es muss keine Arbeitswilligkeit nachgewiesen und keine Bedürftigkeitsprüfung durchgeführt werden. Egal ob eine Bezieherin besitzlos ist oder ein Vermögen verwaltet: sie ist per Grundgesetz berechtigt, diese Zahlung zu erhalten.

Ein so definiertes, emanzipatorisches Grundeinkommen ermöglicht den Bezieher:innen also, ein Leben in Würde und mit sozialer Teilhabe zu führen, in dem sie ihre Talente und Fähigkeiten selbstermächtigt, sinnvoll und identitätsstiftend einsetzen können.

Der Arbeitsbegriff

„Geht deine Frau schon wieder arbeiten, oder ist sie noch daheim bei den Kindern?" In dieser Frage ist in wenigen Worten alles enthalten, woran unsere sogenannte Leistungsgesellschaft leidet: einzementierte Geschlechterrollen und die Geringschätzung der Care- oder Sorgearbeit.

Wenn von „Arbeit" die Rede ist, ist meistens im eigentlichen Sinn die Erwerbs-Arbeit gemeint. Jegliche unbezahlte Arbeit – Kindererziehung, Pflege von Angehörigen, Garten- oder Hausarbeit, Weiterbildung durch Lesen eines Fachbuchs usw. – bleibt dabei unberücksichtigt. Das BIP (Bruttoinlandsprodukt) wird ausschließlich über Herstellungsprozesse ermittelt, in denen fertige Produkte oder Dienstleistungen erzeugt werden, welche gegen Geld getauscht werden. „Als ökonomische Räume gelten nur die Märkte, als Arbeit

---

[9] 03.01.2022: https://www.armutskonferenz.at/armut-in-oesterreich/aktuelle-armuts-und-verteilungszahlen.html

zählt nur Erwerbsarbeit", schreiben Andrea Baier, Adelheid Biesecker und Daniela Gottschlich in ihrem Beitrag zum Buch „Das bedingungslose Grundeinkommen – feministische und postpatriarchale Perspektiven". „Abgetrennt und ausgegrenzt sind zwei zentrale Basis-Produktivitäten: Die unbezahlte Arbeit, als Sorgearbeit vor allem Frauen zugewiesen, und die Natur mit ihrer Produktivität. Beide gelten als Nicht-Ökonomie, als wertlos, beide werden aber alltäglich in der ökonomischen Praxis gebraucht."[10]

Ist unser Land also deswegen so wohlhabend, weil wir diese Basis-Produktivitäten ausbeuten ohne ihnen Wert beizumessen? Dieser Verdacht erhärtet sich immer mehr, und der fortschreitende Klimawandel bestätigt ihn. Hier näher auf die Rolle des BGE für Klimaschutz einzugehen, würde allerdings den Rahmen dieser Arbeit sprengen. (Siehe dazu die Broschüre der Reihe „Überlegungen zum Grundeinkommen" von Guido Rüthemann, „Grundeinkommen4Klimarettung".) Sehen wir uns also den Faktor der unbezahlten Arbeit näher an.

Eine Studie der Entwicklungsorganisation Oxfam aus dem Jahre 2020 hat ergeben, dass weltweit „Frauen und Mädchen täglich weit über 12 Milliarden Stunden Haus-, Pflege- und Fürsorgearbeit leisten – unbezahlt. Würde man ihnen auch nur einen Mindestlohn für diese Arbeit zahlen, wären das umgerechnet über 11.000.000.000.000 (elf Billionen) US-Dollar pro Jahr"[11], heißt es darin. Das ist umgerechnet 24-mal der Jahresumsatz der Tech-Giganten Apple, Google und Facebook zusammen. Der Equal Care Day am 29. Februar (in

---

[10] Baier, A., Biesecker, A., Gottschlich, D.: Ein Schritt auf dem Weg zu einer anderen Ökonomie?; in: Blaschke, R., Praetorius, I., Schrupp, A.: Das bedingungslose Grundeinkommen – feministische und postpatriarchale Perspektiven; 2016, S 68
[11] 06.01.2022:
https://www.oxfam.de/system/files/2020_oxfam_ungleichheit_studie_deutsch_schatten-der-profite.pdf

Schaltjahren) erinnert an diese Tatsache. Der Schalttag wurde deshalb gewählt, weil die „Care-Arbeit zu 80 Prozent von Frauen übernommen wird, ob im Privaten, im Ehrenamt oder im professionellen Bereich. Männer übernehmen also 20 Prozent und brauchen damit viermal so lange, um denselben Umfang an Fürsorge- und Care-Arbeit beizutragen."[12]

Der Arbeitsbegriff muss also näher spezifiziert werden, als Erwerbsarbeit und als unbezahlte Arbeit. Dass Arbeit an sich eine produktive Tätigkeit ist, bleibt dabei unbestritten. Eine Künstlerin leistet beim Schreiben einer Partitur kreative Arbeit, noch lange bevor sie dafür Geld bekommt. Auch wenn sie ihr Werk nicht vermarkten kann: die Arbeit wurde geleistet. Welchen ideellen Wert wir ihr beimessen, ist eine andere Sache, aber die Leistung bleibt bestehen. Georg Grund-Groiss bringt es in seinem Buch „Das halbe Grundeinkommen" auf den Punkt: „Nach einer rauschenden Silvesterparty in den frühen Morgenstunden eine Stunde lang penibel die Wohnung aufzuräumen, ist Arbeitsethos in Reinkultur." [13]

Interessant ist auch die Diskussion mit Gewerkschaftsmitgliedern oder klassischen Arbeiterparteien. Deren Credo ist das „Recht auf Arbeit". Arbeit ist eine sinnstiftende Tätigkeit, die Menschen stolz macht und die sie sozial verankert. Eine gemeinsame Leistung zu erbringen ist eine wunderschöne und verbindende Sache. Der Mensch wird als tätiges Wesen gesehen, der Arbeit als Selbstbestätigung braucht, weil sie ihm Anerkennung bringt. In dieser psycho-ethnologischen Betrachtungsweise sind sich Gewerkschaften, Arbeiterparteien und BGE-Befürworter:innen einig. Der Unterschied besteht darin, dass die Gewerkschaften sich dabei ausschließlich auf die Erwerbsarbeit

---

[12] 14.01.2022: https://equalcareday.de/die-idee/
[13] Grund-Groiss, G.: Das halbe Grundeinkommen; 2021, S. 132

beziehen. Im Grunde sind die Positionen gar nicht so weit voneinander entfernt, was mittlerweile von immer mehr Funktionär:innen erkannt wird, die sich mit dem BGE auseinandergesetzt haben.

Wer von wem Anerkennung für welche Arbeit bekommt, kann sehr unterschiedlich sein. Barbara Prainsack erzählt in ihrem Buch „Vom Wert des Menschen" von einer Architektin namens Ayse. Die junge Frau hat zwei Kinder und dankenswerterweise einen Mann, der gerne kocht und Freude an der Hausarbeit hat. Ayse findet nämlich die Arbeit im Büro erfüllender. „Wenn es nur nach meiner persönlichen Anstrengung ginge", wird sie zitiert, „sollte ich eigentlich für die Arbeit daheim bezahlt werden und nicht für die Zeit, in der ich im Büro bin. Dort geht mir alles ungleich leichter von der Hand." Es kommt hinzu, dass ihr Mann von anderen gelobt wird, wenn er die Kinderbetreuung übernimmt, während es bei ihr als selbstverständlich hingenommen würde, wenn sie diese Arbeit verrichtet.[14] Die „natürliche" Bestimmung der Frau als sich aufopfernde, liebende Umsorgerin hält sich seit Jahrhunderten hartnäckig in den Köpfen. Das Patriarchat hat ganze Arbeit geleistet, indem es den Frauen die Care-Arbeit als „vorbestimmt" angehängt und allen weisgemacht hat, dass sie diese „aus Liebe", aus ihnen angeborenen Motiven heraus leisten. Ein schlaues Konzept, das in unserer modernen Welt jedoch allmählich an Wirkkraft verliert.

Spätestens seit der industriellen Revolution wird den Frauen im kapitalistischen System ein Spagat abverlangt, der kaum mehr zu leisten ist. Einerseits ist die Reproduktionsarbeit eine Basisressource für unsere Gesellschaft, andererseits verlangt die Wirtschaft nach Frauen als kostengünstigen Arbeitskräften. Möchte sich eine Frau

---

[14] Prainsack, B.: Vom Wert des Menschen – Warum wir ein bedingungsloses Grundeinkommen brauchen; 2020, S. 92

diesem Spagat nicht stellen, indem sie sich gegen Kinder entscheidet oder diese, der Erwerbsarbeit wegen, früh in Fremdbetreuung gibt, gilt sie entweder als karrieregeil oder als „Rabenmutter". Frau hat es also nicht leicht, den Anforderungen der kapitalistischen Gesellschaft gerecht zu werden.

Überhaupt: Wo bleibt eigentlich der Spaß an der Arbeit? Muss sie tatsächlich immer mit Anstrengung und Mühsal verbunden sein? Es gibt auch gegenteilige Berichte von glücklichen Menschen, die ihre Bestimmung und Begabung gefunden haben und diese leben können, siehe Ayse. Warum muss Arbeit immer „im Schweiße des Angesichts" geleistet werden? Arbeit ist idealerweise erfüllend, macht Spaß und wenn man dafür auch noch Geld bekommt, ist es perfekt. Bullshit-Jobs, also sinnentleerte Arbeit, machen krank und kosten überdies dem Staat auch noch jede Menge Geld. Gute Arbeit wird dann verrichtet, wenn sie nicht nur für den Profit des Unternehmens sorgt, sondern auch gesamtgesellschaftlich von Bedeutung ist. „Arbeitsteiliges Wirtschaften", so Peter Ulrich in seinem Buch „Integrative Wirtschaftsethik", „ist eine gesellschaftliche Veranstaltung zur Befriedigung menschlicher Bedürfnisse der Lebenserhaltung und der Lebensqualität."[15] Diese Definition von Wirtschaften, die die Bedürfnisbefriedigung aller ins Zentrum rückt, bringt, falls umgesetzt, keine sinnlose Arbeit mehr hervor und schon gar keine Menschen, die durch Erwerbsarbeit krank werden. Und Georg Grund-Groiss schreibt dazu in seinem Buch „Das halbe Grundeinkommen": „Im günstigsten Fall passen ‚Pflicht und Neigung' bei der Arbeit zusammen, was eine Sinnerfahrung ermöglicht."[16]

---

[15] Ulrich, P.: Integrative Wirtschaftsethik. Grundlagen einer lebensdienlichen Ökonomie; 2008, S. 11
[16] Grund-Groiss, G.: Das halbe Grundeinkommen – Der erste Schritt zu einer gerechteren Arbeitsgesellschaft; 2021, S. 109

Warum also nicht daran arbeiten, dass alle genau die Arbeit verrichten können, die ihren Talenten entspricht und Freude bereitet und die für ein gutes Leben aller notwendig ist?

Die Gesellschaft kränkelt
nicht an fehlenden Werten,
sondern an vorhandenen Zwängen.
ROSA LUXEMBURG

Frage 1 – Ist das BGE eine versteckte „Herdprämie"?

Wir leben in einem patriarchalen System. Gemeint ist damit eine Gesellschaft, in der männlich geprägte Werte und hierarchische, von Männern kontrollierte Strukturen vorherrschen. Das Patriarchat ist ein seit langem etabliertes Gesellschaftssystem, das aber, wie oft irrtümlich angenommen, nicht ausschließlich von Männern repräsentiert wird. Frauen können in diesem System genauso in Machtpositionen koexistieren oder es in vielfältiger Weise unterstützen. Das ist keine reine Frage des Geschlechts, sondern des Bewusst- oder eben Unbewusstseins der in diesem System herrschenden Dynamiken.

Eine sichtbare Ausprägung von ungesunden, patriarchalen Strukturen ist das strukturelle Kleinhalten von Frauen. Gesetzgebung oder Kirchen maßen sich an, über Frauenkörper zu bestimmen, wie das in Diskussionen zu Abtreibungsparagrafen deutlich zutage tritt. Auch die emotionalen Meinungsäußerungen zur gendergerechten Sprache sind ein Produkt des Patriarchats, denn es geht um nichts weniger als die Sichtbarmachung der Frauen, gegen die sich sogar patriarchal sozialisierte Frauen selbst wehren.

In vielen feministischen Publikationen zum BGE liest man heute das Wort postpatriarchal. Das bezieht sich auf eine erstrebenswerte

Gesellschaft, in der ein „gutes Leben für alle, Geschlechtergerechtigkeit und weibliche Freiheit gelingt"[17].

Eine solche Gesellschaft und das BGE befruchten sich gegenseitig. Daher ist es umso wichtiger, dass Frauen sich in die Diskussion einbringen und somit eine Ausgewogenheit der Geschlechter hergestellt werden kann. Nur so wird gewährleistet, dass keine tradierten patriarchalen Mechanismen in die künftige Solidargesellschaft hineingetragen werden. Es muss frühzeitig eine Standortbestimmung vorgenommen werden, damit strukturelle Missstände aufgezeigt und ausgeräumt werden können. Das BGE ist nämlich nicht als Bezahlung für Kindererziehung und Hausarbeit gedacht, wie manche Männer es oft meinen. Das BGE ist ein Grundrecht, keine Bezahlung für geleistete Arbeit. Die Definition „bedingungslos" widerspricht dem Bezahl-Gedanken ohnehin in ihrem Kern. Frauen müssen in der BGE-Diskussion also auf die blinden Flecken hinweisen, die Männer, aus ihren eigenen Lebenswelten kommend, nicht wahrnehmen können und Kurskorrekturen vornehmen. Doch oft sind sich auch Frauen nicht ganz einig, wie wir gleich sehen werden, da unterschiedliche Lebensrealitäten zu unterschiedlichen Auffassungen über das BGE führen können.

Feministische Kritik am BGE

In feministischen Kreisen wird das BGE oft als kontraproduktiv betrachtet: Es treibe Frauen wieder ins Haus und an den Herd, wird kritisiert. Und diese Haltung ist nachvollziehbar. Denn die Frauenbewegung hat hart dafür gekämpft, dass Frauen ihren Anteil an der Gestaltung von Wirtschaft und Politik leisten können. Bis in die

---

[17] Appel, M.: Bedingungslosigkeit politisieren; in: Blaschke, R., Praetorius, I., Schrupp, A.: Das bedingungslose Grundeinkommen – Feministische und postpatriarchale Perspektiven; 2016, S. 46

70er-Jahre des letzten Jahrhunderts brauchten Frauen in Österreich noch die Erlaubnis des Ehegatten, wenn sie berufstätig sein oder ein Konto eröffnen wollten. Erst 1989 wurde die Vergewaltigung in der Ehe zur Straftat erklärt.[18] Vieles wurde erreicht, wenn auch noch nicht alles, wie z.b. eine selbstverständliche Geschlechterparität in Parlamenten und Vorstandsetagen.

Es ist also verständlich, dass Feminist:innen der ersten Stunde die Gefahr sehen, dass sich mit der Einführung des BGE wieder mehr Frauen für den – vermeintlich – müheloseren Lebensentwurf der Hausfrau entscheiden könnten. Angesichts der Doppel- oder Dreifachbelastung (Beruf, Haushalt, Pflege) und der oft schwierige(re)n Bedingungen wäre ein Rückzug der Frauen aus der Arbeitswelt – ebenso wie aus öffentlichen Ämtern und Entscheidungspositionen – durchaus denkbar.

Doch wie viele gut ausgebildete Frauen würden sich tatsächlich ins Heim an den Herd zurückziehen, vorausgesetzt, sie hätten die Möglichkeit dazu? Fast 20 Prozent der Frauen hatten 2018 einen Hochschulabschluss, 1981 waren es nur 6,1 Prozent.[19] Und im Studienjahr 2018/19 haben zudem mehr Frauen als Männer ihr Studium erfolgreich abgeschlossen.[20] Warum sollten sie, die in ihre Ausbildung investiert haben, sich wieder aus dem Erwerbsberufsleben zurückziehen? Die Berufswahl wurde ja nicht aus rein wirtschaftlichen Gründen getroffen, sondern weil entsprechende Neigungen das Studium attraktiv machten. Der Beruf, in dem frau ihr erworbenes Wissen und intrinsisches Interesse einsetzen kann, bringt mehr Sinn

---

[18] 10.01.2022: https://kurier.at/politik/meilensteine-fuer-frauen-in-oesterreich/822.591

[20] 10.01.2022: https://www.statistik.at/web_de/statistiken/menschen_und_gesellschaft/soziales/gender-statistik/bildung/index.html

und Erfüllung, als ein mechanisch angelernter Job, in den sie eventuell „reingestolpert" ist.

Anders sieht es vermutlich bei Frauen mit geringerer Bildung und geringerem Einkommen aus. (Gleichermaßen gilt diese These natürlich auch für männliche Geringverdiener, allerdings wird in diesem Fall nie vom „Rückzug an den Herd" gesprochen, sondern eher das Bild von der Hängematte bemüht, was auch sehr viel über tief verankerte Geschlechterrollen aussagt.) Wenn die Tätigkeit nur aus finanziellen Erwägungen heraus und dazu noch ungern verrichtet wird, ist ein Rückzug an den Herd wahrscheinlich. Denn durch das BGE ist eine Kündigung nicht mehr existenzbedrohend. Allein mit dem BGE käme frau allerdings gerade nur so über die Runden, da es dabei ausschließlich um die Abdeckung von Grundbedürfnissen und ein Leben ohne entwürdigendes Erbetteln staatlicher, bedarfsgeprüfter Sozialleistungen geht. Ein BGE finanziert nicht das Eigenheim, das Auto, den Jahresurlaub. Doch es erleichtert Lebensentscheidungen und bietet außerdem die Möglichkeit, durch stundenweise Erwerbsarbeit das Einkommen zu verbessern.

Wie aber begegnet man der Gefahr, dass an den Frauen, die dank der Wahlmöglichkeit zu Hause bleiben, die Haus- und Fürsorgearbeit hängen bleibt? In feministischen Kreisen wird kritisiert, dass mit dem BGE zwar die Hegemonie der Lohnarbeit gebrochen und die Erwerbsarbeitsverhältnisse verändert werden sollen, die Reproduktionsarbeit aber kaum thematisiert werde. Stattdessen werde die Familienwelt glorifiziert, indem das Heilsversprechen „mehr Zeit für Kinder und Familie" mantraartig wiederholt werde, dabei bleibe der Gender-Care-Gap, die ungleiche Verteilung der Pflege- und Hausarbeit unter den Geschlechtern, unberücksichtigt.

Diese wichtige Beobachtung ist längst in der BGE-Diskussion angekommen. „Zeit zu haben, um [...] Sorgearbeit zu leisten", schreiben Andrea Baier, Adelheid Biesecker, Daniela Gottschlich in ihrem Aufsatz „Ein Schritt auf dem Weg zu einer anderen Ökonomie?", „[ist] zwar eine notwendige, aber noch keine hinreichende Bedingung für eine gerechte Verteilung der Sorgearbeit zwischen den Geschlechtern."[21] Worauf muss also bei der Einführung des BGE hier geachtet werden? „Jedes [BGE-]Modell", schreibt Margit Appel auf der Website des „Netzwerks Grundeinkommen", „braucht – sozusagen – flankierende Maßnahmen, weil es auf traditionelle kulturelle und soziale Muster der Geschlechterrollenwahrnehmung trifft und darüber hinaus auf aktuell laufende Machtverteilungskämpfe zwischen den Geschlechtern." Und sie erinnert auch daran, „dass schon das bestehende sozialpolitische Instrumentarium Frauen in eine Rollenfalle gebracht" habe. Diese Falle werde nicht erst durch die Einführung einer Grundsicherung oder eines Grundeinkommens entstehen, „in der sind wir schon drin".[22] Deshalb sollten wir uns zunächst einmal genauer anschauen, wie die gegenwärtige Situation für Frauen aussieht.

Die Rolle der Care-Arbeit für die Ökonomie

Frauen in der Phase der Familienplanung stellen die Erwerbsarbeit tendenziell zumindest temporär hinter die in der Familie zu leistende Care-Arbeit zurück. Durch die in der Vergangenheit erstrittenen Rechte auf Mutterschutz und Karenzzeiten ist dieser Rückzug aus außerhäuslichen Tätigkeiten bereits heute gegeben. In unserem

---

[21] Baier, A., Biesecker, A., Gottschlich, D.:S Ein Schritt auf dem Weg zu einer anderen Ökonomie?; In: Blaschke, R., Praetorius, I., Schrupp, A.: Das bedingungslose Grundeinkommen – Feministische und postpatriarchale Perspektiven; 2016, S. 76

[22] 10.01.2022:
http://www.grundeinkommen.at/basicincome/index.php/grundeinkommen/frauenfalle-oder-frauenbefreiung

kapitalistischen, auf patriarchalen Strukturen aufgebauten Marktsystem, in dessen Entstehungsgeschichte die Frau traditionell den Mann unterstützt und ihm den Rücken freihält, gereicht dieses Recht den Müttern jedoch zum Nachteil. Dies wird in der Bezeichnung „Karriereknick" offensichtlich, der durch die Kinderpause entsteht. Mütter steigen nach der Karenz in den meisten Fällen in Teilzeit-Arbeitsmodellen wieder in ihren Beruf ein, sind damit in vielen Firmenstrukturen weniger wertvoll als Vollzeit-Arbeitskräfte und werden bei Aufstiegschancen seltener berücksichtigt. Sie werden generell als verwaltungsintensiv, weniger verfügbar und geringer belastbar angesehen. Auf der anderen Seite scheuen sich viele Frauen davor, die Doppelbelastung, der sie ausgesetzt sind, noch durch Karrierepläne zu erhöhen. Hier beißt sich aus strukturellen Gründen die Katze in den Schwanz.

„Das Interesse an Frauenerwerbstätigkeit im Rahmen einer kapitalistisch-marktwirtschaftlichen Wirtschaftsweise erklärt sich aus den primären und vitalen Interessen im Kapitalismus, möglichst viele Menschen in Beschäftigung zu bringen und über die Aneignung ihrer Zeit größtmöglichen Profit zu erzielen", schreiben die Autorinnen Margit Appel, Luise Gubitzer und Lieselotte Wohlgenannt in ihrem Essay „Primär mehr – geschlechtergerecht und ressourcenschonend".[23] Die Frage ist, ob in diesem Plädoyer für Vollbeschäftigung tatsächlich auch Frauen mitgemeint sind, da das kapitalistische Wirtschaftssystem aus patriarchalen, sogar militärischen Strukturen entstanden ist. Dieses primäre Interesse führt allerdings zu einem Paradoxon, denn gleichzeitig bleibe, wie die Autorinnen weiter schreiben, „die Bedeutung eines weiteren

---

[23] Appel, M., Gubitzer, L., Wohlgenannt, L.: Primär mehr – geschlechtergerecht und ressourcenschonend; In: Blaschke, R., Rätz, W.: Teil der Lösung – Plädoyer für ein bedingungsloses Grundeinkommen; 2013, S. 103

kapitalistischen Interesses erhalten: dass Menschen einen möglichst hohen Beitrag zur eigentlichen ‚Produktion von Arbeitskraft‘ (Geburtenrate) leisten".[24]

Dass ohne das Auf- und Erziehen von Kindern die Gesellschaft und auch die Marktwirtschaft auf lange Sicht nicht funktionieren werden, spielt bei den in der Regel kurzsichtigen, rein auf Unternehmensprofit ausgerichteten Human-Ressource-Strategien und in der Personalverwaltung bislang keine Rolle. Damit ein Mensch überhaupt auf dem Arbeitsmarkt einsetzbar ist, benötigt er die bedingungslose Pflege und Begleitung der Mütter und – idealerweise – auch der Väter, und zwar vom Babyalter bis zum Abschluss einer Ausbildung. Bis ein junger Mensch in einer Firma um eine Anstellung vorstellig werden kann, wurde er von seiner Mutter geboren und gestillt, er bekam die Windeln gewechselt, die Nase geschnäuzt und er wurde bei Krankheit gesund gepflegt. Die tägliche Begleitung in Kindergarten und Schule, das Jause-Herrichten, Aufgabenmachen, das Ermutigen und das Beibringen sozialverträglichen Benehmens ist eine kosten- und bedingungslose Leistung der Eltern, von der die Ökonomie profitiert, ohne dass sie dazu etwas beiträgt.

Von Frauen geleistete Familienarbeit wird nach wie vor als selbstverständliches Tun vorausgesetzt, schließlich gebären sie ja auch die Kinder, und es herrscht weitgehend gesellschaftlicher Konsens, dass sie das freiwillig und ohne Gegenleistung zu erbringen haben. Daher werden diese Leistungen nicht im Bruttosozialprodukt berücksichtigt; sie sind aus kapitalistischer Sicht „wertlos", erbringen per se keinen Profit und werden auch nicht pekuniär bewertet. Sobald

---

[24] ebenda

diese Arbeit als Resultat ein „Humankapital" erzeugt hat, wird dieses dann von der Ökonomie ganz selbstverständlich vereinnahmt.

Die folgenden Tabellen stellen die Verteilung der unbezahlten Arbeit zwischen Mann und Frau in einigen europäischen Ländern bzw. in der EU dar, die wöchentlich zusätzlich zu der Erwerbstätigkeit geleistet werden:

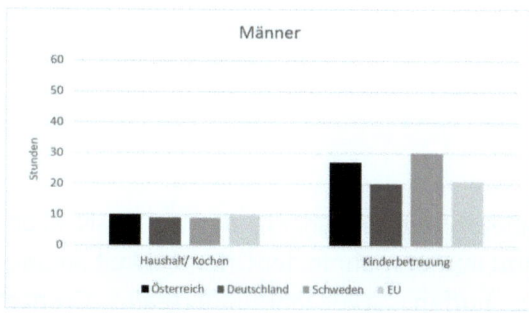

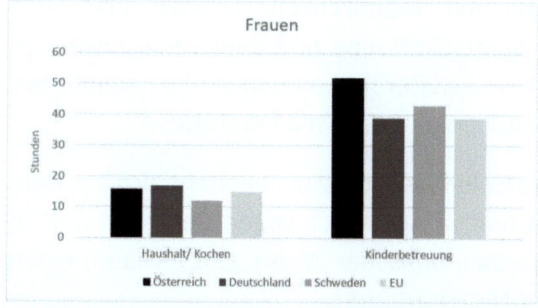

Abbildung 1 - Unbezahlte Arbeit: Stunden pro Woche für Haushalt/Kochen bzw. Kinderbetreuung außerhalb des bezahlten Berufs; Gegenüberstellung Männer und Frauen[25]

[25] 07.01.2022: https://awblog.at/zeit-fuer-zeitverwendungserhebung/

In Prozent dargestellt, wird der Geschlechterunterschied bei Erwerbsarbeit und unbezahlter Tätigkeit noch deutlicher.

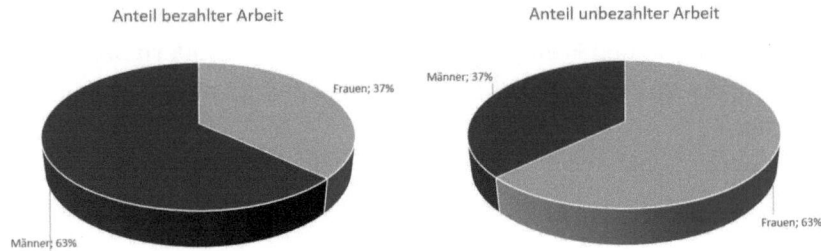

Abbildung 2 - Geschlechterunterschiede in Arbeitsformen[26]

Die Debatte über die unbezahlten Leistungen, die die Basis allen Wirtschaftens bilden, kommt immer mehr in der Öffentlichkeit an und lässt auf ein Umdenken hoffen. „Die jahrhundertealte Grenze zwischen einer ‚höheren', mit Männlichkeit, Freiheit und Geld assoziierten Markt- oder Staatsökonomie und dem verschwiegenen Bereich vermeintlich außerökonomischer ‚weiblicher' Dienstleistungen löst sich auf", meint dazu Ina Praetorius.[27]

Das Argument, das BGE sei Geld fürs Nichtstun, entsteht also aus dem Glaubenssatz, dass Arbeit nur im Austausch gegen Geld wertvoll ist. Denken wir jedoch in Care-ökonomischer Weise, gibt es kaum einen (gesunden) Menschen, der NICHT arbeitet.

Staatliche Leistungen wie das Zur-Verfügung-Stellen von kostenlosen Bildungseinrichtungen oder das Kinderbetreuungsgeld sind begleitende Maßnahmen. Die Zahlung von Kinderbetreuungsgeld

---

[26] 07.01.2022: https://awblog.at/zeit-fuer-zeitverwendungserhebung/
[27] Büchele, H., Wohlgenannt, L.: Grundeinkommen ohne Arbeit; 2016, Beitrag von Ina Praetorius, S. XXVII

dient dem Existenzerhalt des Elternteils, der sich um die Kindererziehung kümmert, damit er diese Arbeit verrichten kann. Es ist keineswegs ein realer Ausgleich für die während der Bezugszeit geleistete Care-Arbeit, auch wenn die Bezeichnung „Kinderbetreuungsgeld" dies suggerieren möchte. Es ist im Grunde eine existenzerhaltende Maßnahme der Gesellschaft aus sich heraus, ohne die ihr Fortbestand gefährdet wäre, weil Kinderkriegen eben auch ein Kostenfaktor ist. Die Care-Arbeit wird aber nicht nur nicht angemessen honoriert, sondern beschert den Frauen auf lange Sicht auch noch erhebliche Nachteile, nämlich nach der Pensionierung (mehr dazu auf *Seite 52*).

Trotz der oben angeführten Ungleichheiten gibt es auch erfreuliche Entwicklungen. Laut einer Studie des österreichischen Sozialministeriums bekommt für das Personalmanagement von Unternehmen die Vereinbarkeit von Beruf und Familie langsam einen neuen Stellenwert. Die Väterkarenz wird zusehends nicht mehr als rein privates Thema wahrgenommen oder gar als ausschließlich weibliches, sondern nach und nach übernehmen aufgrund von steigender Nachfrage der Mitarbeiter Betriebe die Verantwortung. Dennoch wird die Väterkarenz in Österreich erst zu einem sehr geringen Anteil in Anspruch genommen – 2016 blieben 19 Prozent der jungen Väter bei ihren Babys zu Hause – und meistens nur für zwei Monate statt für sechs, wie die Studie „Männer und Vereinbarkeit von Beruf und Familie in männerdominierten Branchen" ergeben hat.[28] Hier findet jedoch ein Umdenken statt, was den Schluss zulässt, dass das BGE wesentlich zur Verringerung des Gender Care Gaps beitragen

---

[28] 23.01.2022: https://www.abzaustria.at/sites/default/files/files/Bericht-LuR-Sozialforschung-Maenner-Vereinbarkeit-2017.pdf

wird, weil zur väterlichen Bereitschaft zur Karenz die finanzielle Sicherheit hinzukommen würde.

Ein Rechenbeispiel

Welches Einkommen kann heutzutage eine alleinerziehende Mutter mit Kind erwarten? Das Kinderbetreuungsgeld, das die Mutter erhält, liegt 2022, abhängig von der Länge des Bezugs, zwischen 14,53 Euro und 33,88 Euro pro Tag. Rechnen wir mit einem durchschnittlichen Betrag von 24,20 Euro pro Tag ergibt das ein Monatseinkommen von 736,24 Euro (diese Beträge wurden, nebenbei bemerkt, seit 2018 nicht mehr an die Inflation angepasst).[29] Zum Kinderbetreuungsgeld kommt noch die Familienbeihilfe, die je nach Alter des Kindes bzw. der Anzahl der Geschwister gestaffelt ist. Ziehen wir für unser Rechenbeispiel den Betrag von 114 Euro monatlich für ein Baby zwischen 0 und 3 Jahren heran.[30] Somit hätte die Mutter eines Kleinkindes durchschnittlich 850,24 Euro monatlich zur Verfügung.

Die Armutsgefährdungsschwelle lag 2021 in Österreich für einen Ein-Personen-Haushalt mit Kind bei 1.726 Euro, somit hat diese Kleinfamilie keine existenzsichernde Grundversorgung. Sogar die Errechnung der maximal möglichen Hilfe in Höhe von 1.144,52 Euro liegt noch weit unter dieser Schwelle (siehe Tabelle 1).

Nicht berücksichtigt werden in diesem Rechenbeispiel die Mindestsicherung, Wohnbeihilfe oder andere Sachleistungen, die vom BGE abgelöst werden. Diese können heute im Bedarfsfall unter Einbringung eines Bedürftigkeitsnachweises beantragt werden. Alimentationszahlungen des anderen Elternteils wurden hier ebenfalls

---

[29] 06.01.2022: https://www.frauen-familien-jugend.bka.gv.at/dam/bmfj/KBG-Rechner/index.html#kbgKonto
[30] 06.01.2022: https://www.oesterreich.gv.at/themen/familie_und_partnerschaft/geburt/3/2/2/Seite.080714.html

nicht berücksichtigt, da dieser Anspruch sehr individuell ist. Anhand des Beispiels wird gezeigt, wie die wirtschaftliche Abhängigkeit ohne bzw. Unabhängigkeit mit BGE für eine Alleinerzieherin aussehen wird.

Kinderbetreuungsgeld (Euro)		Familienbeihilfe (Euro monatlich)	
33,88	pro Tag maximal	114,00	ab Geburt
14,53	pro Tag minimal	121,90	ab 3 Jahren
24,21	Durchschnitt pro Tag	141,50	ab 10 Jahren
8 834,83	Durchschnitt p.a.	165,10	ab 19 Jahren
736,24	Durchschnittseink. p.m.		

Beispiel Mutter mit Kind unter 3 Jahren Durchschnitt (Euro)		Maximal (Euro)	
736,24	Kinderbetreuungsgeld	1 030,52	Kinderbetreuungsgeld max.
114,00	Familienbeihilfe	114,00	Familienbeihilfe
850,24	Einkommen p.m.	1 144,52	max. Einkommen p.m.

Tabelle 1 - Rechenbeispiel derzeitiges Einkommen von Mutter mit einem Kleinkind (Quelle für Berechnungsbasis: Oesterreich.gv.at) [31]

Wie wäre nun die Situation einer Frau, die in einer Gesellschaft mit bedingungslosem Grundeinkommen ein Kind zur Welt bringt? Strukturell nicht viel anders, für Mutter und Kind jedoch merklich besser.

In den meisten BGE-Modellen wird der Einfachheit halber mit dem symbolischen BGE-Betrag von 1.000 Euro pro Monat für Erwachsene und 500 Euro für Kinder gerechnet. Das Einkommen einer Mutter mit

---

[31] 06.01.2022: https://www.armutskonferenz.at/armut-in-oesterreich/aktuelle-armuts-und-verteilungszahlen.html

Kind läge schon damit höher als die derzeitigen staatlichen Beihilfen, nämlich bei 1.500 Euro monatlich.

Bei seiner Einführung muss das BGE allerdings mindestens auf Höhe der Armutsgefährdungsschwelle liegen, also bei rund 1.330 Euro pro erwachsener Person und der Hälfte davon für das Kind. Damit hätte die Mutter 1.995 Euro für sich und ihr Baby zur Verfügung (siehe Tabelle 2).

BGE mit Orientierung an der Armutsgefährdungsschwelle Mutter mit Kleinkind (Euro)	
1 330	BGE für Erwachsene
665	Halbes BGE für Kinder
1 995	Monatliches Familieneinkommen

Tabelle 2 - Familieneinkommen mit BGE

Eine Alleinerziehende bekommt also, genau wie heute, eine finanzielle Grundsicherung für sich und ihr Kind. Diese Leistungen müssen also nicht zur Gänze neu finanziert werden, die Sozialausgaben werden lediglich ersetzt durch das BGE. Eine spürbare Verbesserung bringen die Höhe der neuen Zahlung und der unbegrenzte Zeitraum des Bezugs. Es müssen keine Anträge gestellt werden, die Mutter bekommt ihr BGE ja bereits seit ihrer Geburt. Sobald das Baby auf der Welt ist, hat auch es den gesetzlichen Anspruch auf sein BGE. Im Prinzip ist dieser bereits in den Allgemeinen Erklärungen der Menschenrechte niedergeschrieben, im Artikel 22, „Recht auf soziale Sicherheit"[32], und im Artikel 25, „Recht auf einen angemessenen

---

[32] 06.01.2022: https://www.humanrights.ch/de/ipf/grundlagen/rechtsquellen-instrumente/aemr/artikel-22-aemr-recht-soziale-sicherheit

Lebensstandard"[33]. Nur wurden diese Ansprüche und Rechte bisher nicht umgesetzt.

BGE mit Orientierung an der Armutsgefährdungsschwelle Mutter mit Kind >1 Jahr (Euro) nach dem Linzer Modell	
1 330	BGE für Erwachsene
433	30% des Erwachsenen-BGE
1 763	Monatliches Familieneinkommen

Tabelle 3 - Familieneinkommen nach Vorschlag des Linzer Modells

Ein Phänomen, das trotz unseres weit entwickelten Sozialstaates in Österreich noch 2021 trauriger Alltag für 350.000 Kinder war, ist die Kinderarmut. Es ist sehr wahrscheinlich, dass sie nach Einführung eines bedingungslosen Grundeinkommens verschwinden wird. In einem der reichsten Länder der Welt zeigt diese Zahl eindeutig, dass die Umverteilung von Vermögen von oben nach unten derzeit in Österreich nicht funktioniert. Auf der Webseite der Statistik Austria, der Bundesanstalt für Statistik, ist zu lesen: „Ein-Eltern-Haushalte – dies sind vorwiegend alleinerziehende Frauen mit ihren Kindern – verzeichnen mit einer Quote von 45 Prozent die höchste Armuts- oder Ausgrenzungsgefährdung der betrachteten Haushaltstypen."[34] Das ist bei der derzeit praktizierten staatlichen Beihilfe nicht verwunderlich.

Zu der Höhe des Kinder-BGE gibt es verschiedene Ansatzvorschläge. Ziel aller Modelle ist es, der Kinderarmut wirkungsvoll zu begegnen. Es wird unter anderem diskutiert, ob nicht der Anspruch von Kindern mit

---

[33] 06.01.2022: https://www.humanrights.ch/de/ipf/grundlagen/rechtsquellen-instrumente/aemr/artikel-25-aemr-recht-angemessenen-lebensstandard
[34] 08.01.2022:
https://www.statistik.at/web_de/statistiken/menschen_und_gesellschaft/soziales/gender-statistik/armutsgefaehrdung/index.html

dem Älterwerden allmählich von der Hälfte des BGE-Betrags auf die volle Höhe anwachsen sollte.

Der Ansatz des Linzer Modells sieht z.B. vor, dass Kinder bei der Geburt 30 Prozent des Erwachsenen-BGE beziehen, das dann jährlich steigt, sodass ab dem 18. Lebensjahr 100 Prozent erreicht sind. Diese Auszahlungsvariante bedeutet ein Familieneinkommen, das an der Armutsgrenze beginnt und jedes Jahr steigt (siehe Tabelle 4). Ein Festsitzen in der Kinderarmutsfalle wäre somit aufgebrochen.

Kinder-BGE nach dem Linzer Modell

Lebensjahr	BGE	Lebensjahr	BGE
0	€ 399	10	€ 931
1	€ 452	11	€ 984
2	€ 505	12	€ 1 037
3	€ 559	13	€ 1 091
4	€ 612	14	€ 1 144
5	€ 665	15	€ 1 197
6	€ 718	16	€ 1 250
7	€ 771	17	€ 1 303
8	€ 825	18	€ 1 357
9	€ 878		

Tabelle 4 - Jährlicher Anstieg des Kinder-BGE um 4 Prozent bis zur Volljährigkeit[35]

Das österreichische Sozialministerium hat 2021 eine Kinderkostenanalyse durchgeführt, die die Situation in Haushalten mit einem oder zwei Erwachsenen und einem oder mehr Kindern

---

[35] Ettl, Paul J.: Das Linzer Modell für ein Bedingungsloses Grundeinkommen; 2021, S. 36f

untersuchte. Der Vorschlag des Linzer Modells für die Höhe des Kinder-BGE entspricht den Ergebnissen dieser Studie weitgehend.[36]

Vor der Einführung des BGE müssen die genauen Kriterien in einem zivilgesellschaftlichen Prozess erarbeitet werden; dazu gehören die Auszahlungshöhe und die Fragen, wer das Geld des Kindes verwaltet und ab wann es selbst über sein BGE verfügen kann. Auch hierzu gibt es bereits Diskussionsansätze im Linzer Modell.

Herdprämie ja oder nein?

Durch diese Beispiele müsste nun ein Gefühl dafür entstanden sein, wie sich ein BGE auf die unterschiedlichen Lebenssituationen von Frauen mit Kindern auswirken würde. Werden die Frauen damit aber tatsächlich zurück an den Herd geholt? Eine eindeutige Antwort lässt sich darauf nicht geben. Weltweit wurden zwar schon einige BGE-Experimente mit kleinen Proband:innen-Gruppen gemacht. Entweder liefen diese aber zeitlich zu kurz oder der Grundeinkommenbetrag war nicht hoch genug oder diese Frage wurde gar nicht erst untersucht. Wir können aber angesichts aktueller Trends in Gesellschaft und Wirtschaft durchaus einige Thesen formulieren und weiterführende Überlegungen anstellen.

Es wird auch zukünftig Frauen geben, die sich ausschließlich der Familie widmen möchten. Derzeit kann bei der jungen Generation sogar ein Trend beobachtet werden, der in Richtung traditionelle Hausfrauenrolle („Tradwife")[37] geht. Frauen, die sich dafür entscheiden, leben meist in Partnerschaften oder Ehen, in denen das Familieneinkommen höher ist, denn nur dadurch können sie es sich

---

[36] 06.02.2022: https://www.sozialministerium.at/Services/News-und-Events/Archiv-2021/Dezember-2021/kinderkosten.html
[37] 08.01.2022: https://www.zeit.de/zett/politik/2020-02/sogenannte-tradwives-werben-fuers-hausfrau-sein-klingt-harmlos-ist-es-aber-nicht

leisten, auf lange Sicht auf eigenen Verdienst zu verzichten und dennoch ein gutes Leben zu führen. Die wirtschaftlichen Abhängigkeiten, in die sie sich dadurch begeben, werden meist nicht erkannt oder verdrängt. Geringe oder im schlimmsten Fall keine Pensionsbeiträge stellen die Weichen für eine drohende Altersarmut im Fall einer Trennung oder Scheidung. Das BGE als lebenslange Existenzsicherung verhindert diese Gefahr, da es ja auch die niederen Pensionsbezüge ersetzt.

Mit BGE können Frauen also angstfreier ihren Lebensentwurf wählen. Mit BGE wäre es auch keine Entweder-oder-Entscheidung – entweder Beruf oder Familie. Da für die Existenz gesorgt ist, kann sich jede Frau dafür entscheiden, eine Erwerbsselbständigkeit aufzubauen, Karriere in einem Unternehmen zu machen oder sich beispielsweise politisch zu engagieren – und diese Tätigkeiten kann sie ganz individuell mit der Familienarbeit abstimmen; sie kann auch einfach nur Teilzeit arbeiten, um ihr Einkommen aufzubessern.

Heute muss eine Alleinerzieherin nach der Karenzzeit wieder eine Erwerbsarbeit aufnehmen und sich den derzeit gängigen Arbeitszeitmodellen unterordnen. Frauen, die einen eigenen Betrieb führen, haben heute oft das Problem, die Kinderbetreuung zu organisieren. Der Spagat zwischen einer zuverlässigen professionellen Betreuung der Kinder und den Anforderungen der Arbeitgeber:innen ist ein schwieriger Akt, noch komplizierter wird es, wenn der Nachwuchs krank wird. Heute ist kaum mehr ein Kind in eine Großfamilie eingebettet, wo immer jemand da ist und sich kümmern kann. Alles wird auf dem Rücken der Frauen ausgetragen, die für alles zuständig sind und von denen erwartet wird, dass sie alles klaglos stemmen. Sehr plakativ wurde uns diese Mehrfachbelastung während der Corona-Lockdowns vor Augen geführt: Schulen waren zu, Homeoffice war vorgeschrieben, und der Küchentisch wurde zum

Dreifach-Arbeitsplatz, an dem der Erwerbsarbeit nachgegangen wurde, Hausaufgabenhilfe geleistet und Mahlzeiten zubereitet wurden. Derart komprimiert wurde die Arbeitsleistung vieler Frauen sichtbar.

Im Homeoffice

Das BGE ist ein Instrument, das diese Strukturen wirkungsvoll verändert. Denn nicht nur Frauen haben die Wahl, ihren bevorzugten Lebensentwurf umzusetzen, auch Männer werden diese Freiheiten nutzen. Bei den jüngeren Generationen geht der Trend bereits in diese Richtung: Jeder zweite Vater möchte mehr Zeit mit seiner Familie verbringen und sich auch an Hausarbeit beteiligen, so eine deutsche Studie über das neue Rollenbild junger Väter.[38] Mit dem BGE als garantiertem Einkommenssockel und der Erwerbsarbeit als

---

[38] 06.01.2022: https://www.n-tv.de/panorama/Warum-die-jungen-Vaeter-im-Dilemma-stecken-article17626416.html

Aufstockungsmöglichkeit kann ohne große finanzielle Einbußen die Arbeitszeit verkürzt und die Familienzeit verlängert werden. Die Vereinbarkeit von Familie und Beruf wird also in Zukunft nicht mehr ein vorwiegend weibliches Thema sein, sondern immer mehr Männer beschäftigen. Oder wie es Rutger Bregman formuliert: „Die Elternzeit ist ein Trojanisches Pferd, das uns zu einem entscheidenden Sieg im Kampf für die Gleichberechtigung verhelfen kann."[39] Das BGE kann ein entlastender Faktor für beide Geschlechter werden und zu stabileren Partnerschaften beitragen, weil viel Konfliktpotenzial wegfällt, wenn sich beide Elternteile einigermaßen gleichberechtigt in die Care- und Hausarbeit einbringen. Dazu kommen wir noch ausführlicher beim Thema Scheidungsraten (siehe *Seite 43*).

Ein alter Menschheitstraum

Arbeitszeitreduktion ist auch außerhalb von BGE-Kreisen ein großes Thema. John Maynard Keynes hatte bereits 1930 davon gesprochen, dass in hundert Jahren, also 2030, der Mensch das Produktionsproblem gelöst haben würde, weil es unsinnig wäre, nur aus Liebe zum Geld ein permanentes ökonomisches Problem daraus zu machen, d.h. weiterhin mit hohem personellem Aufwand Maschinen zu betreiben, die dem Menschen eigentlich Freizeit verschaffen sollten. Ihm zufolge würde es dann nur mehr darum gehen, die nicht durch fortschrittliche Technologie erledigten Arbeiten zu verteilen. Er kam zu dem Schluss, wird er in dem Buch „Ein Teil der Lösung" zitiert, „dass es reiche, wenn jede erwerbsfähige Person drei Stunden pro Tag arbeite, was eine Arbeitswoche von fünfzehn Stunden ergibt"[40].

---

[39] Bregman, R.: Utopien für Realisten – Die Zeit ist reif für die 15-Stunden-Woche, offene Grenzen und das bedingungslose Grundeinkommen; 2019, S. 145
[40] Blaschke,R., Rätz, W.: Teil der Lösung – Plädoyer für ein Bedingungsloses Grundeinkommen; 2013, S. 100

Zukunftsforscher sagen voraus – und diese These kann heute bereits in der Praxis überprüft werden –, dass durch die fortschreitende Automatisierung und die immer besser werdende, selbstlernende künstliche Intelligenz (KI) künftig ganze Berufssparten wegfallen bzw. Prozesse für die menschliche Arbeitskraft vereinfacht werden, weil sie maschinell unterstützt sind. Übersetzer:innen bekamen z.B. in den letzten Jahren starke Konkurrenz durch Deep-Learning-Plattformen, die in Sekundenschnelle fehlerfreie Übersetzungen in viele Sprachen ausführen können, um nur ein Beispiel zu nennen. Die Automatisierung zieht sich quer durch alle Branchen, und nicht nur Niedriglohntätigkeiten werden allmählich durch Maschinen ersetzt, sondern auch Tätigkeitsbereiche von Jurist:innen, Bankangestellten, Ärzt:innen und Grafiker:innen. Computer können viel schneller tausende von Röntgenbildern vergleichen oder Gesetzestexte durchsuchen als jede Ärztin, jeder Jurist. Das menschliche Hirn ist nicht in der Lage, hierbei mit der Maschine zu konkurrieren. Der alte Menschheitstraum, die Arbeit von Maschinen abgenommen zu bekommen, rückt in greifbare Nähe und wird gleichzeitig zur Bedrohung. Denn es gehen damit Verlust- und Existenzängste einher, weil Erwerbsarbeit heute unser Leben finanziert; staatliche Unterstützungsleistungen werden, auch wenn sie erworbene Rechte sind wie etwa die (Erwerbs-)Arbeitslosenunterstützung, in unserer Leistungsgesellschaft als stigmatisierend empfunden. Die Einführung des BGE, das ausnahmslos alle beziehen, könnte ein Umdenken bewirken, das die Neiddebatte zum Verstummen bringt und Stigmatisierungen verhindert.

Betrachten wir die Arbeitszeitreduktion, die heute schon einige Parteien fordern. Firmen, die 30-Stunden-Modelle anbieten, berichten über mehr qualifizierte Bewerbungen, weniger Krankenstände und Personalfluktuation und verzeichnen dank einer zufriedenen und ausgeglichenen Belegschaft sogar Umsatzzuwächse.[41] Insgesamt ist das eine Win-win-Situation für alle: für die Frauen, die Männer, die Kinder, die Unternehmen und somit für die ganze Gesellschaft. Kann der alte Menschheitstraum, weniger zu arbeiten, vielleicht durch ein BGE erfüllt werden?

---

[41] 06.01.2022: https://kontrast.at/30-stunden-woche-unternehmen-emagnetix/

There has to be a stronger social safety net
because when people don't have options,
they're going to make bad choices.
NAOMI KLEIN

Frage 2 – Höhere Scheidungsrate durch BGE?

Im Zusammenhang mit der Unabhängigkeit von Frauen ist speziell das Grundeinkommens-Kriterium der Individualität interessant. Der Bezug eines BGE, der in jeder Lebenssituation bestehen bleibt, stellt Frauenbiografien auf wesentlich stabilere Beine und ist somit ein wichtiger Schritt zur Selbstermächtigung. Betrachten wir die Auswirkungen dieses Begriffes anhand eines Beispiels genauer.

Maria ist Mitte dreißig und hat zwei Kinder im Volksschulalter. Sie arbeitet Teilzeit im Lebensmittelhandel und verdient damit ca. 1.300 Euro netto. Sie möchte sich aus einer toxischen Beziehung befreien, unter der sie schon seit vielen Jahren leidet. Es fehlt ihr an Lebendigkeit, an Respekt für ihre Bedürfnisse, an Liebe. Sie beschließt, sich von ihrem Mann zu trennen.

Maria beginnt zu rechnen. Sie sind vor wenigen Jahren in ein Haus eingezogen, auf das Kredite laufen und in das noch einiges an Modernisierung und Renovierung gesteckt werden müsste. Sie arbeitet Teilzeit, da sie die Kinder nicht den ganzen Tag fremdbetreut wissen möchte. Darüber hinaus ist eine Nachmittagsbetreuung auch mit erheblichen Kosten verbunden, die ihr nicht sehr hohes Gehalt zusätzlich strapazieren würden. Auch wenn sie ganztags arbeiten würde, die Betriebskosten, Kreditraten, Betreuung und sonstige Lebenshaltungskosten könnte sie nicht aufbringen, auch wenn sie die zu erwartenden Alimente dazurechnet. Was sind also die Alternativen?

Eine Lösung wäre, mit den Kindern in eine kleine Wohnung, vermutlich ohne Garten, zu ziehen. Dies würde einen neuerlichen Umzug bedeuten, den sie sich und ihren Kindern in dieser ohnehin schon herausfordernden emotionalen Situation ersparen möchte. Auch dafür müsste sie vermutlich ihre Teilzeitarbeit aufstocken, was Mehrkosten bei der Betreuung mit sich brächte.

Maria könnte die Kinder auch bei ihrem Mann lassen und allein ausziehen. Diese Möglichkeit kommt für sie aber keinesfalls in Frage. Oder sie entscheidet sich, die Ehe weiter aufrechtzuerhalten in der Hoffnung, dass ihr Mann sein Verhalten ändert.

In jedem Fall gehen diesen Entscheidungen schlaflose Nächte, Existenzängste und große Sorge um die Zukunft der Kinder voraus. Wie würden diese Überlegungen mit einem bedingungslosen Grundeinkommen aussehen?

Maria würde zu ihrem Gehalt 1.330 Euro BGE dazu bekommen, die Kinder jeweils die Hälfte davon. Damit würde der BGE-Sockel 2.660 Euro betragen. Mit ihrem Teilzeitgehalt käme ein Familiennettoeinkommen von ca. 3.900 Euro zusammen. Bei dieser Ausgangslage wäre jede Überlegung, die psychische Gewalt ihres Mannes nur wegen der wirtschaftlichen Situation ertragen zu müssen, hinfällig. Maria könnte sich jederzeit und frei für eine Trennung entscheiden. Sie könnte sich beruhigt und ohne finanzielle Sorgen der emotionalen Aufarbeitung ihrer Trennung und der liebevollen Begleitung ihrer Kinder durch diese aufwühlende Zeit widmen. Mit einigen Einschränkungen könnte sie sich für die Volksschulzeit ihrer Kinder ganz der Erziehungs- und Sorgearbeit widmen.

Anhand dieses Beispiels könnte man schließen, dass es mehr Ehescheidungen geben würde. Wäre das in solchen Fällen nicht auch ratsam? Toxische Beziehungen leben davon, dass ein Partner den anderen unterdrückt, benutzt und erniedrigt – und finanziell dominiert. In der Regel sind aufgrund jahrhundertelang eingeübter, patriarchaler Geschlechterrollen Frauen die Opfer.[42] Wenn diese nun wirtschaftlich unabhängig sind, weil sie ein eigenes, verfassungsrechtlich verbrieftes Grundeinkommen erhalten, das ihnen niemand wegnehmen kann, dann sind sie gegenüber potenziellen Tätern in einer ganz anderen Position. Wer finanziell unabhängig ist, hat Kraft und Selbstbewusstsein, muss sich nicht unterordnen. Aber werden solch ungesunde Abhängigkeitsverhältnisse dann überhaupt noch zustande kommen? Sicher in weitaus geringerem Ausmaß. Und, wer weiß, vielleicht werden sich auch Beziehungen generell verbessern: Zu einem Partner, der Respekt zollt und liebevolles Verhalten zeigt, kommt frau doch jederzeit gern nach Hause. Denn Liebe besteht ja nicht darin, den anderen zu „brauchen", sondern ihn so zu lieben, wie er ist.

Nixons Family Assistance Plan scheiterte damals unter anderem, weil eine Studie zu einem BGE-Experiment fälschlicherweise eine um 50 Prozent erhöhte Scheidungsrate in der Probandengruppe aufzeigte. Vermutlich wird es aber hierzulande nach Einführung des BGE tatsächlich mehr Scheidungen geben, allerdings nur für kurze Zeit und sicher auch nicht im 50-Prozent-Bereich. Auch ohne BGE lag 2019 die Scheidungsrate in Österreich bereits bei 36,9 Prozent[43], langfristig wird diese ohnehin schon hohe Zahl vermutlich nicht weiter ansteigen. Trotzdem sollten Ehegatten, die sich nicht sicher sind, schon mal beginnen, an sich zu arbeiten.

---

[42] 24.01.2022: https://www.wien.gv.at/menschen/frauen/stichwort/gewalt/zahlen.html
[43] 06.01.2022:
https://www.statistik.at/web_de/statistiken/menschen_und_gesellschaft/bevoelkerung/ehescheidungen/index.html

Bei den BGE-Experimenten in Kanada (Mincome-Experiment 1974–77[44]) und Kenia (GiveDirectly, seit 2016[45]) wurden ebenfalls die Auswirkungen auf Scheidungsraten untersucht. In Kanada konnten keine Veränderungen festgestellt werden, allerdings bezogen dort auch Familien das BGE und nicht das einzelne Familienmitglied.[46] In Kenia ließ sich zumindest feststellen, dass aufgrund der entschärften Armut und des ab Experimentbeginn zurückgegangenen – vorwiegend von Männern praktizierten – Alkoholmissbrauchs die Beziehungen besser funktionieren. Ein sehr erfreuliches Ergebnis!

Maria ist mit BGE also finanziell unabhängig und kann ihre Entscheidung frei treffen. Die Ausbildung der Kinder ist im Falle einer Scheidung weniger gefährdet, da eine bestimmte Menge an Geld staatlich garantiert vorhanden ist. Ob es dann überhaupt noch Alimentationszahlungen braucht - zumal der Streit ums Geld in Scheidungsverfahren meistens noch den letzten Rest Respekt und Kommunikationsvermögen vernichtet?

Väter gänzlich aus der Verantwortung zu entlassen, wäre sicher ein falsches Signal. Denkbar wäre z.B. eine geringere finanzielle Zuwendung, die auch die geschiedenen Väter entlasten würde und die eventuell für die Ausbildung zweckgebunden sein kann. Aber dies muss bei der Umsetzung eines BGE unter familienrechtlichen, psychologischen und ethischen Gesichtspunkten von einem Fachgremium ausgearbeitet werden.

---

[44] 06.01.2022: https://mdl.library.utoronto.ca/collections/numeric-data/microdata/manitoba-basic-annual-income-experiment-mincome-1974-1979
[45] 06.01.2022: https://www.givedirectly.org/ubi-study/
[46] 06.01.2022: https://www.livableincome.org/atrmincome.htm

Frage 3 – Hat das BGE Einfluss auf den Gender-Pay-Gap?

Seit Jahrzehnten kennen wir nun schon den Equal-Pay-Day, der auf die Einkommensunterschiede von Frau und Mann aufmerksam machen soll. Alle Jahre wieder wird darüber geredet, Expert:innen kommentieren, warum es so ist, wie es ist, und Politiker:innen machen Vorschläge, wie man das ändern könnte. Und dann wundern sich alle, dass die Schere sich gar nicht oder nur um 0,5 Prozent im Jahr schließt.

Dabei sollte gerade in Österreich dringend etwas Wirksames getan werden, denn wir liegen im EU-Vergleich mit 19,9 Prozent weniger Einkommen für Frauen über dem Durchschnitt (14,1 Prozent). 2021 haben Frauen 68 Tage „gratis" gearbeitet, nämlich vom 25.10. bis 31.12. „Im Zehnjahresvergleich hat sich der Gender-Pay-Gap von 24,3 Prozent (2009) auf 19,9 Prozent (2019) verringert"[47], so die Information auf der Seite der staatlichen Statistik Austria. Und im „Standard" war im Januar 2022 diese wenig ermutigende Einschätzung von ÖGB und Arbeiterkammer zu lesen: „Wenn sich der Einkommensunterschied wie in den letzten zehn Jahren entwickelt, dann schließt sich die Einkommensschere erst 2054."[48]

---

[47] 07.01.2022:
https://www.statistik.at/web_de/statistiken/menschen_und_gesellschaft/soziales/gender-statistik/einkommen/index.html
[48] 07.01.2022: https://www.derstandard.at/story/2000130638990/equal-pay-day-oesterreichs-frauen-arbeiten-68-tage-gratis

Geschlechtsspezifische Einkommensunterschiede waren bereits zu Zeiten der industriellen Revolution in den Köpfen festgelegt. Lily Braun[49], eine Frauenrechtlerin, die um 1900 die Studie „Die Frauenfrage" verfasst hatte, beschreibt die Ursachen für niedrigere Löhne so: „Zunächst ist die Frau als selbständig Erwerbende ein Begriff, der dem traditionellen, von dem durch den Mann zu ernährenden Weibe vollständig widerspricht. Die Entlohnung ihrer Arbeit gilt daher nur für einen Zuschuss zum Lebensunterhalt, nicht für seine vollständigen Kosten." [50] Frauenlohn wurde also aus patriarchaler Sicht nur als Zuverdienst gesehen. Dass es auch Frauen gab, die ihre Familien zu ernähren hatten – weil ledige Mutter, verwitwet oder mit krankem, arbeitslosem Mann –, blieb unberücksichtigt, weil es nicht ins Weltbild passte.

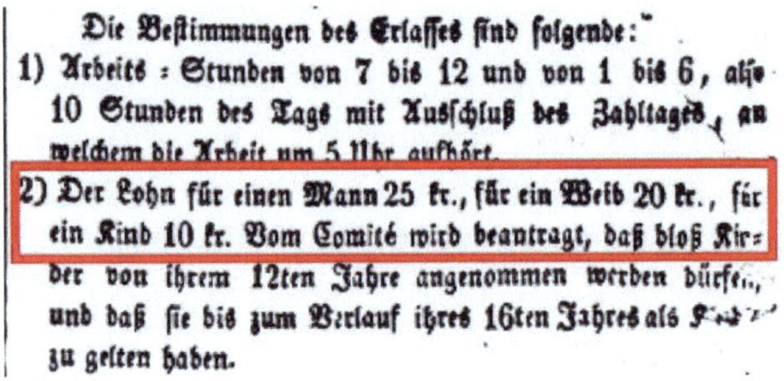

Abbildung 3 - Bekanntmachung in „Die Presse" am 3. Juli 1848; Quelle: Österreichische Nationalbibliothek[51]

Wenn noch heute viele frauendominierte Berufsfelder zu gering bezahlt sind, könnte man sagen, dass sich junge Frauen dann eben verstärkt in männerdominierten Berufen ausbilden lassen sollten. Als

---

[49] 07.01.2022: https://de.wikipedia.org/wiki/Lily_Braun
[50] 07.01.2022: https://www.freitag.de/autoren/der-freitag/die-geschichte-der-ungerechten-bezahlung
[51] 09.02.2022: https://anno.onb.ac.at/cgi-content/anno?aid=apr&datum=18480703&seite=2&zoom=25

Mechanikerin, Installateurin oder Bauarbeiterin würde sie mehr verdienen denn als Friseurin oder Grundschulpädagogin. Nach einer sozialwissenschaftlichen Studie[52] zur „Entwertungsthese" in feminisierten Branchen ist das jedoch ein Trugschluss. „Sobald in einem Beruf mehr als 60 Prozent Frauen arbeiten, kommt es zu Gehaltseinbußen", fanden die Autorinnen heraus. Und im umgekehrten Fall funktioniere es genau gleich: je mehr Männer, desto höher die Löhne und Gehälter, siehe die Maskulinisierung von Programmierarbeiten nach 1950.[53]

Dass Frauen häufiger in Niedriglohnberufen arbeiten und dass die Teilzeitquote höher ist als bei Männern, reicht also nicht dafür aus, die ungleiche Bezahlung zu erklären.

Heute gibt es weitaus mehr erwerbstätige Frauen als zu Zeiten Lily Brauns. Umso unglaublicher ist es, dass wir uns heute noch immer mit diesem Thema beschäftigen müssen. Zumal der Frauenanteil stetig zunimmt: Seit 1994 ist er um ca. 450.000 auf etwas über 2 Millionen erwerbstätige Frauen gestiegen (2020), der Männeranteil um knapp 200.000 auf 2,3 Millionen.[54] Es sind also ständig mehr Frauen an der Erwirtschaftung des BIP beteiligt, beim Einkommen sind sie jedoch noch immer strukturell benachteiligt.

Christine Bauer-Jelinek eröffnet in ihrem Buch „Der falsche Feind" einen anderen Zugang. Sie sieht im Feminismus die Ursache dafür, dass „durch die permanente Forderung nach Vollzeitarbeit für alle Frauen der Arbeitsmarkt mit Arbeitskräften überschwemmt wird und

---

[52] 14.01.2022: https://www.zeit.de/arbeit/2018-06/gehaltsunterschiede-frauenberufe-loehne-gender-pay-gap/komplettansicht
[53] Hoffmann, U.: Computerfrauen: Welchen Anteil haben Frauen an Computergeschichte und -arbeit?; 1987, S. 43–85.
[54] 07.01.2022:
http://www.statistik.at/web_de/statistiken/menschen_und_gesellschaft/soziales/gender-statistik/erwerbstaetigkeit/index.html

dadurch die Verhandlungspositionen der Arbeitnehmer:innen [insgesamt] geschwächt werden". Sie fordert keineswegs, dass Frauen wieder zu Hause bleiben sollten, sondern möchte zu Überlegungen anregen, wie die vorhandene Erwerbsarbeit besser verteilt werden könnte. „Dadurch [würde sich] die Lage von allen Menschen – Frauen, Männern, Kindern und Alten – deutlich verbessern". Das BGE wäre aus ihrer Sicht ein möglicher Weg, damit „der Großteil der Bevölkerung Beruf und Privatleben [...] vereinbaren und ein menschenwürdiges Leben führen" könne.[55]

Was wären weitere mögliche Lösungsansätze, damit wir nicht bis 2054 warten müssen, bis der geschlechterspezifische Einkommensunterschied Geschichte ist? Es wäre z.B. ein flächendeckender Ausbau von Kinderbetreuungseinrichtungen nötig, die auch nachmittags genützt werden könnten. (Pläne für einen Rechtsanspruch auf Kinderbetreuung gab es bereits, diese wurden jedoch, wie später bekannt wurde, aus wahltaktischen Gründen im Jahr 2017 verhindert.[56]) Das BGE alleine wird also den Gender Pay Gap nicht beseitigen, aber ein begünstigender Faktor für das Schließen der Schere sein.

Arbeit als sinnstiftende Tätigkeit

Im Gegensatz zu der kapitalistischen Ansicht, dass Menschen durch Androhung von Sanktionen zur Aktivität gezwungen werden müssten, ist eine der Grundlagen des Grundeinkommens die Annahme, dass der Mensch an sich ein tätiges, kreatives Wesen ist. Er will sich schöpferisch betätigen und so seinem Leben einen Sinn geben. Das BGE wirkt dabei emanzipatorisch, das heißt, es eröffnet ihm die Möglichkeit, sein Leben nach seinen Begabungen und Stärken zu

---

[55] Bauer-Jelinek, C.: Der falsche Feind – Schuld sind nicht die Männer; 2012, S. 138 f.
[56] 07.01.2022: https://www.derstandard.at/story/2000130608833/spoe-bringt-bundesweit-resolution-fuer-rechtsanspruch-auf-ganztaegige-kinderbetreuung-ein

gestalten. Buchhaltung ist für die eine genauso erfüllend wie für den anderen, Kinder zu unterrichten oder duftende Semmeln zu backen. Geht ein Mensch nun in die Welt hinaus, um die Stärken und Talente zu leben und nicht primär zur Geldbeschaffung, so wird er oder sie auch in ganz anderer Weise auf Anbieter:innen von Erwerbsarbeit zugehen.

Versuchen wir in einem Gedankenexperiment eine Bewerbungssituation der Zukunft zu modellieren. Anna hat die Matura hinter sich gebracht und ein Studium der Kommunikationstechnologie begonnen, das sie nach zwei Semestern wieder abbricht, weil sie andere Vorstellungen damit verbunden hatte. Sie bezieht das bedingungslose Grundeinkommen, mit dem sie gut über die Runden kommt, zumal sie kostengünstig in einer WG lebt. Nach dem Studienabbruch gönnt sie sich ein paar Monate Auszeit. Irgendwann aber fühlt sie eine innere Unruhe, sie kommt sich nutzlos vor und sucht nach einer Aufgabe, der sie sich mit Freude widmen kann. Anna hat Basiskenntnisse in Netzwerk- und Kommunikationstechnik und stellt ihr Angebot digital in eine Jobplattform ein.

Nach einigen Tagen wird sie von einem Unternehmen kontaktiert. Ein Chatbot stellt ihr den potenziellen künftigen Erwerbsarbeitsplatz vor und beantwortet Annas erste Fragen. Der Bewerbungsvorgang ist unkompliziert, der Arbeitgeber macht auf Anna einen positiven Eindruck. Das Jobangebot hört sich spannend an. Beim Vorstellungstermin erklärt Anna ihre Vorstellungen von einer idealen Arbeit: dass sie gern zwanzig Wochenstunden arbeiten möchte, fünf davon im Homeoffice, und gibt auch wie hoch das Gehalt sein sollte. Natürlich hat sie sich zuvor über die firmenüblichen Gehälter informiert (seit Einführung des BGE werden aus Gründen des Employer Brandings diese nämlich veröffentlicht). Seit das BGE allen Menschen ihre Existenz sichert ist es für Firmen mittlerweile wichtig, das Angebot auch für Erwerbsaufstocker:innen niederschwellig zugänglich zu machen, denn gute Leute sind gefragt. Wer seine Mitarbeiter:innen wertschätzt und auf Augenhöhe behandelt, klagt kaum über Personalfluktuation. Die Menschen, die Erwerbsarbeit suchen, wissen genau, was sie wollen und sind intrinsisch motiviert, was sich auf die Zusammenarbeit unter den Kolleg:innen positiv auswirkt. Mit Freude und weniger negativem Stress zu arbeiten, bringt den so agierenden Unternehmen loyale Mitarbeiter:innen, zufriedenere Kund:innen, mehr Profit und senkt auch die krankheitsbedingten Ausfälle. Burnout-Syndrome sind in den letzten Jahren stark zurück gegangen, was wiederum der Volkswirtschaft zugutekommt.

Anna überzeugt ihren künftigen Chef mit ihrem Wissen und er sie mit einer spannenden Aufgabenstellung und einem guten Betriebsklima. Sie freut sich auf den Arbeitsbeginn und wird eine loyale und motivierte Mitarbeiterin, weil sie ihren Job nicht nur des Geldes wegen macht, sondern sie ihre Talente sinnvoll eingesetzt sieht und Wertschätzung erfährt.

So könnte eine erfolgreiche Bewerbung in einer Welt mit BGE aussehen. Es bewirbt sich nicht nur die Arbeitnehmerin bei ihrem zukünftigen Arbeitgeber, sondern auch er sich bei ihr. Eigentlich vertauschen sich hier die Begrifflichkeiten: Anna bietet ihre Arbeitskraft und Kenntnisse feil – ist also Arbeit-Geberin – und das Unternehmen nimmt ihr Angebot an – ist also Arbeit-Nehmer.

Verändern sich die Machtverhältnisse, wird es auch zunehmend keine Rolle mehr spielen, ob nun eine Frau oder ein Mann den Job bekommt. Und neben den fachlichen Qualifikationen werden „weiche" Faktoren wie Sympathie, Teamfähigkeit und Empathie immer wichtiger, damit die Mitarbeiter:innen in modernen, vermehrt agilen Arbeitswelten gut zusammenarbeiten können. Und falls das mal nicht klappt: Dank BGE muss nicht mehr alles „ausgehalten" werden, nur weil man Geld verdienen muss. Die Wahlfreiheit macht sich auch hier bezahlt.

Übrigens legen bereits heute viele Unternehmen Wert auf eine geschlechtergerechte Entlohnung. Wer qualifiziertes Fachpersonal braucht, kann es sich kaum mehr leisten, ungleiche Gehälter oder Löhne zu bezahlen, denn auf Internet-Bewertungsplattformen stünden diese Praktiken schnell am Pranger. Das BGE würde diese positive Entwicklung massiv vorantreiben, und das ist auch nötig, denn gerade in den Niedriglohnbranchen braucht es dringend Verbesserungen.

Wie sich das Verhältnis zwischen Arbeitgeber:innen und Arbeitnehmer:innen durch das BGE tatsächlich verändern würde, darüber gibt allerdings es noch keine wissenschaftlichen Erkenntnisse, und Ökonomen wagen keine Prognosen, da zu viele Variablen im Spiel sind. Zwar waren die Auswirkungen sämtlicher BGE-Experimente auf die persönliche Ebene der Bezieher:innen sehr ermutigend, doch kein Versuch war so breit und lang angelegt, dass sich daraus Schlüsse für den Arbeitsmarkt und das Lohn- bzw. Gehaltsniveau hätten ziehen lassen. Einzig das GiveDirectly-Experiment in Kenia würde die dimensionalen Voraussetzungen (Anzahl der Proband:innen, Größe des Wirtschaftsraumes) erfüllen; die ökonomischen Verhältnisse sind in dem afrikanischen Land jedoch viel zu spezifisch, als dass die Ergebnisse unmittelbar auf mitteleuropäische Staaten übertragen werden könnten.

Frage 4 – Weibliche Altersarmut: abgeschafft durch BGE?

„Altersarmut betrifft jede/n zehnten Österreicher/in – Frauen sind von Altersarmut dreimal häufiger betroffen als Männer – Die durchschnittliche Alterspension in Österreich beträgt für Männer 1.419 Euro, für Frauen um 40 Prozent weniger: 842 Euro."[57] So lauten derzeit die Zahlen. Frauen sind also dreimal häufiger von Altersarmut betroffen als Männer.

---

[57] 08.01.2022: https://www.altarmweiblich.at/

Was geht also schief in unserem Sozialstaat, dass so viele Pensionistinnen armutsgefährdet sind? Die Berechnung der Alterspension berücksichtigt alle jemals in die Pensionskasse eingezahlten Beträge. Eine Studie aus dem Jahr 2006 hat ergeben, dass nur 68 Prozent der Frauen über 60 Jahre eine eigene Pension bezogen.[58] Ist der Pensionsanspruch zu gering, kann eine Ausgleichszulage (oft auch als Mindestpension betitelt) beantragt werden, die derzeit 981,15 Euro beträgt. Bekommt man als alleinstehende Person weniger als 933,06 Euro Pension, so kann man Anspruch anmelden. Die regierungsamtliche Statistik Austria berichtet dazu: „Insgesamt erhielten 139.464 Frauen und 65.842 Männer eine Ausgleichszulage. Der Frauenanteil lag 2019 damit bei 67,9 Prozent."[59] So gesegnet wir sind, in einem Sozialstaat zu leben, der niemanden ohne Einkommen lässt, so beschämend sind diese Zahlen für ein Land, das Platz 17 im Ranking der reichsten Länder der Erde einnimmt (2017).

Es sind die Jahre der unbezahlten und der Teilzeitarbeit, die Frauen den anfangs erwähnten Pensions-Gap von 40 Prozent bescheren. Der Equal-Pension-Day fiel 2021 auf den 1. August.[60] Bis dahin hatten Männer bereits so viel Pension erhalten, wie Frauen erst am Ende des Jahres erreicht haben werden. Wie so oft wird medial darüber berichtet, aber der Aufschrei ist auch hier seltsamerweise nie laut genug, als dass sich die aktuelle Regierung für eine Beendigung dieser Ungerechtigkeit einsetzen würde.

---

[58] 08.01.2022: http://archiv.arbeit-wirtschaft.at/servlet/ContentServer?pagename=X03/Page/Index&n=X03_1.a_2008_02.a&cid=1203515515880
[59] 08.01.2022: https://www.statistik.at/web_de/statistiken/menschen_und_gesellschaft/soziales/gender-statistik/pensionen/index.html
[60] 08.01.2022: https://www.staedtebund.gv.at/themen/frauen/equal-pension-day/

Stellen wir einmal die durchschnittliche Pensionshöhe, die Ausgleichszahlung und das BGE in Höhe der Armutsgrenze einander gegenüber. Es ergibt sich, dass Frauen im Alter mit dem BGE klar besser abgesichert wären.

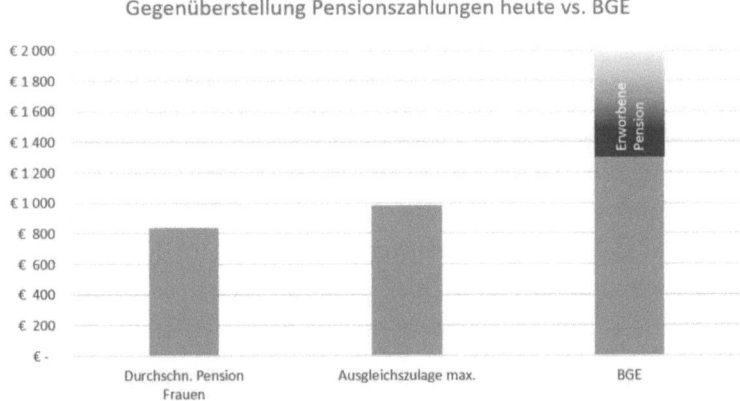

Tabelle 5 - Gegenüberstellung Alterseinkommen heute mit BGE

Weisen sie dann auch noch erworbene Pensionsversicherungszeiten nach, so addieren sich diese Pensionsansprüche zum BGE. Analog zu den Besteuerungen von Einkommen nach dem Linzer Modell werden diese zusätzlichen Einkünfte dann ebenfalls besteuert, wie das auch heute schon bei Nebeneinkünften zur Alterspension der Fall ist. Damit werden auch die Bezieher:innen von höheren Pensionen wieder mehr in die Staatskasse rückführen. Eine Schlechterstellung wird es nicht geben, da das BGE ein steuerfreies Einkommen ist und nur jeder darüber hinausgehende Euro progressiv besteuert wird.

Wie diese zusätzlichen Pensionsansprüche in einer Welt mit BGE zustande kommen, werden Fachleuten mit zivilgesellschaftlicher Beteiligung ermitteln müssen. Dabei steht auch das

Pensionsantrittsalter zur Diskussion. Denkbar ist, dass im Fall von Erwerbstätigkeit wie bisher in die Pensionskasse eingezahlt wird, allerdings als freiwillige Leistung und nicht als gesetzliche Vorschrift. Der Markt wird diese Vorgehensweise vermutlich von sich aus regeln, da die Attraktivität der Unternehmen, die Pensionszahlungen leisten, für Erwerbsarbeitnehmer:innen groß sein wird. Die Pensionszahlung könnte dann zum Gehaltsbestandteil werden. Eine weitere Möglichkeit sind Privatpensionen, wie sie bereits heute als Zusatzansparung für die Altersversorgung bestehen. Durch höhere Einkommen mit dem BGE als Sockel sind diese Leistungen leichter zu erbringen. Beiden Herangehensweisen liegt ein Arbeitsanreiz zugrunde, da für eine höhere Alterspension die Erwerbstätigkeit, sei sie selbständig oder unselbstständig, Voraussetzung ist.

Von Kritiker:innen des BGE wird oft die Frage gestellt: „Wer arbeitet denn dann überhaupt noch?" Die Antwort darauf geben die Pensionist:innen: Sie sind in der Regel sehr beschäftigt. Manche beginnen ein Studium, andere engagieren sich gemeinnützig, wieder andere betreuen Enkelkinder, widmen sich ihrem Lieblingssport oder bauen Gemüse an. Fast niemandem ist es langweilig, solange er oder sie körperlich leistungsfähig ist und er oder sie genügend Pension erhält, um am gesellschaftlichen und kulturellen Leben teilhaben zu können. Das ist mit dem BGE auf jeden Fall garantiert. Außerdem schafft es die weibliche Altersarmut ab, welchen Lebensentwurf sich frau auch immer aussuchen mag.

Auf Goodwill warten wir lange.
Die Frauen haben immer nur das erreicht,
was sie sich selbst erkämpft haben.
JOHANNA DOHNAL

Frage 5 – Sollen sich Frauen für das BGE einsetzen?

Das bedingungslose Grundeinkommen polarisiert und das nicht nur in der Geschlechterfrage. Die Idee berührt die Werte der kapitalistischen Leistungsgesellschaft, wie wir sie heute leben, an ihrer Wurzel. Das ihnen zugrunde liegende Menschenbild, die vorherrschende Belohnung von Leistung und die Fokussierung auf Leistungsgerechtigkeit werden durch das BGE in Zweifel gezogen. Genau das macht es zu einer revolutionären Vision. Am Beispiel der Geschlechtergerechtigkeit, wie sie in dieser Schrift behandelt ist, kommt klar zutage, dass wir heute von einer gerechten Belohnung für Arbeit weit entfernt sind. Ist es überhaupt sinnvoll, diese anzustreben? Wie kann Leistung und Arbeit überhaupt monetär bewertet werden? Verdienen (zumeist männliche) Spitzensportler[61] zurecht Millionen pro Jahr, während Alleinerziehende für ihre Familienarbeit gar nicht entlohnt werden, sondern höchstens subventioniert?

Die oben gestellte Frage kann in folgende Fragestellungen übersetzt werden:

- Wollen Frauen mehr Unabhängigkeit und Zugang zu Ressourcen wie Geld und Zeit?
- Wollen Frauen in wirtschaftlicher Hinsicht auf Augenhöhe mit Arbeitgeber:innen und Partner:innen verhandeln können?

---

[61] 30.01.2022: https://www.gehaltsvergleich.com/news/gender-pay-gap-im-spitzensport-nirgends-ist-die-einkommensluecke-groesser

- Wollen Mütter bzw. Alleinerzieher:innen die Altersarmutsfalle überwinden?

Das bedingungslose Grundeinkommen wird die Marktmacht von Frauen stärken. Ihnen steht gesichert mehr Geld zur Verfügung, um eigene, den Kindern und ihr selbst wohltuende Entscheidungen zu treffen. Das kann, wie beim Thema Scheidungsrate behandelt, die Beendigung einer unerträglichen Beziehung sein oder auch einfach selbst darüber zu bestimmen, welche Lebensmittel für die Familie eingekauft werden. Frauen können durch ein BGE also auf vielen Ebenen mehr Einfluss haben: als Erwerbstätige werden sie auf ihre Bedürfnisse abgestimmte Arbeitszeitmodelle fordern oder sogar selbst implementieren, als in Beziehungen Lebende werden sie deren Qualität und Partnerschaftlichkeit gleichberechtigt mitbestimmen, als Konsumentinnen die gewünschte Qualität der Produkte sicherstellen, als politisch Engagierte über die gesellschaftlichen Rahmenbedingungen mitentscheiden.

Frauen werden gewinnen, da die Mehrfachbelastung entschärft oder auf mehrere Personen aufgeteilt werden kann und die wirtschaftliche Unabhängigkeit jederzeit gesichert ist. Sie haben die Wahlfreiheit, wie sie ihr Leben gestalten möchten, das trägt zur Selbstermächtigung bei. Zudem nimmt das BGE ihnen den Druck von den Schultern, alles schaffen zu müssen. Vorrangig geht es bei diesem „alles Schaffen-Müssen" – wenn wir beim Beispiel der Alleinerzieherin bleiben – um die Sicherung der eigenen Existenz und die der Kinder. Dafür ist mit BGE gesorgt. Gesündere, entspanntere und selbstbewusstere Mütter werden auch gesündere, entspanntere und selbstbewusstere Kinder haben.

Denken wir noch einen Schritt weiter. Die Bezieher:in eines BGE bekommt dieses ausgezahlt, einfach weil sie Mitglied einer emanzipatorischen Gesellschaft ist, die sich mehrheitlich auf die Einführung eines BGE verständigen konnte. Ihre bloße Existenz wird gewürdigt, indem die Gesellschaft sie als Individuum anerkennt und an sie glaubt – und das von Kindesbeinen an. Die Bedingungslosigkeit ist ein Vertrauensvorschuss, der Macht verleiht. Macht, sein Leben selbst in die Hand zu nehmen und daraus das Beste zu machen, einfach, weil es geht und keine Sanktionen drohen, wenn die Kraft dazu einmal nicht vorhanden ist. Und das gilt gleichermaßen für Frauen und Männer – eben für alle Mitglieder der Gesellschaft.

Ein Ja zum BGE ist also ein Ja zum guten Leben, ganz unabhängig vom biologischen Geschlecht.

Ich möchte Ihnen am Ende noch von Anita erzählen. In einem Workshop zum bedingungslosen Grundeinkommen wurde in der Abschlussrunde die Frage gestellt: „Wie wäre dein Leben verlaufen, wenn es das BGE schon in deiner Kindheit gegeben hätte?" Die Teilnehmer:innen hatten 15 Minuten Zeit, zu antworten

Anita erzählte folgende Geschichte:

Sie ist in den Siebzigerjahren als Vierte von fünf Geschwistern in einer Arbeiterfamilie aufgewachsen. Die Mutter war Hausfrau, der Vater Fabrikarbeiter. Das Familieneinkommen war bescheiden, und sie schafften es gerade mal so über die Runden zu kommen. Sehr häufig gab es schmale Kost, Fleisch kam nur zu besonderen Anlässen auf den Tisch, die kleineren Kinder trugen immer die Kleidung der älteren weiter. Für den Vater war der Druck, der alleinige Ernährer der Familie zu sein, enorm. Er trank sehr oft über den Durst, und im betrunkenen Zustand misshandelte er seine Frau und auch die Kinder.

Für den Vater war der Druck, der alleinige Ernährer der Familie zu sein, enorm. Er trank sehr oft über den Durst und im betrunkenen Zustand misshandelte er seine Frau und auch die Kinder.

„Hätte es damals schon das bedingungslose Grundeinkommen gegeben," so Anita, „dann wäre ich vermutlich in einer Familie ohne alkoholkranken Vater und ohne Gewalt aufgewachsen, denn er war kein böser Mensch. Er hat es einfach nicht ausgehalten, dass er nicht mehr für uns tun konnte." Und Anitas Mutter hätte die Wahlfreiheit gehabt, die Situation der Familie zu verändern.

Das bedingungslose Grundeinkommen ist kein Allheilmittel für alle Probleme unserer Gesellschaft, die Friktionen des Zusammenlebens und die Unterschiede in der Geschlechtergerechtigkeit. Eine durch BGE gesicherte Existenz gibt uns aber mehr Würde, mehr Freiheit und mehr Gelassenheit, die richtigen Entscheidungen zu treffen. Und damit bringt es mehr Unabhängigkeit – vor allem für Frauen.

Anhang

Diese Arbeit verweist an vielen Stellen auf das *Linzer Modell* zur Finanzierung des BGE. Hier werden die wichtigsten Eckpunkte dieses Modells angeführt:

- Das Grundeinkommen ist eine bedingungslose finanzielle Zuwendung, die jedem Mitglied der Gesellschaft in existenzsichernder Höhe, ohne Rücksicht auf sonstige Einkommen, auf Arbeit oder Lebensweise, lebenslänglich als Rechtsanspruch zusteht.
- Es lässt sich im Rahmen einer (einfachen) Steuerreform umsetzen.
- Es werden konkrete Vorschläge zur Höhe des BGE gemacht und Anregungen gegeben, mit welchen zusätzlichen Steuereinnahmen die Finanzierung sichergestellt werden kann (siehe Punkt 12 weiter unten).
- Das Linzer Modell versteht sich als Weiterentwicklung des Sozialstaates.

Im Folgenden sind die wichtigsten Rahmenbedingungen für ein BGE im Sinne des Linzer Modells genannt:

1. Sozialleistungen wie Gesundheitsvorsorge, kostenlose Bildung, Schulbücher, öffentlicher Verkehr etc. bleiben erhalten.

2. Die Höhe des Grundeinkommens für Erwachsene soll sich an der Armutsgefährdungsschwelle orientieren. Kinder bis zur Volljährigkeit sollen 30 bis 70 Prozent davon monatlich erhalten.

3. Die jährliche Anpassung an den Richtwert ist zu garantieren.

4. Das Grundeinkommen wird durch Zuverdienst nicht verringert.

5. Alle Menschen, die ihren Lebensmittelpunkt legal in Österreich haben, erhalten das BGE.

6. Bisher eingezahlte Arbeitslosenversicherungsbeiträge und Pensionsbeiträge sind erworbenes Recht und müssen daher ausbezahlt werden. Nach Einführung eines BGE sollen Arbeitslosenversicherung und Pensionsversicherung freiwillig, also nicht mehr verpflichtend sein.

7. Eine Splittung eines Grundeinkommens in ein personenbezogenes Grundeinkommen und ein „Wohngeld" ist denkbar.

8. Eine Anpassung (Erhöhung) der Einkommensteuer ist notwendig, um eine sozial gerechte Umverteilung zu ermöglichen. Trotz der vorgeschlagenen Erhöhung der Steuersätze ergibt sich für die überwiegende Mehrheit der Steuerleistenden (bis zu 80 Prozent oder mehr) unter dem Strich ein positiver Effekt.

9. Es wird durch ein BGE umfangreiche Einsparungen in der Verwaltung und in anderen Bereichen (z.B. im Gesundheitswesen) geben.

10. Durch das höhere Einkommen der unteren Einkommensbezieher wird es zu einer Kaufkrafterhöhung, also zu mehr Konsum und damit zu erhöhten Mehrwertsteuereinnahmen kommen.

11. Der Restfinanzierungsbedarf ergibt sich durch die konkreten Festlegungen, die nach einem positiven Grundsatzbeschluss zur Einführung des Grundeinkommens zu treffen sind.

12. Dafür könnten Vermögens-, Erbschafts-, Schenkungs-, Luxussteuern sowie eine Finanztransaktionssteuer eingeführt werden. Die Kapitalertragssteuer sollte (wie vor 1993) in die progressive Einkommensteuer einbezogen werden und sonstige Konsumsteuern

wie CO_2-, Benzin-, Flug-, Plastik-, Tabak-, Glücksspielsteuer etc. könnten zur Finanzierung herangezogen werden.

Die Berechnungen eines BGE nach dem Linzer Modell ergeben, dass 70 bis 85 Prozent der Bevölkerung mehr Geld pro Monat zur Verfügung hat als bisher.

Ausführlichere Details in Band 1 und 3 der Reihe „Überlegungen zum Grundeinkommen" von Paul J. Ettl (siehe auch *S. 67*, Literaturhinweis).

Literaturliste

Bauer-Jelinek, Christine
Der falsche Feind – Schuld sind nicht die Männer; Ecowin Verlag 2012

Blaschke, Ronald; Praetorius, Ina; Schrupp, Antje
Das Bedingungslose Grundeinkommen – Feministische und postpatriarchale Perspektiven; Ulrike Helmer Verlag 2016

Bregman, Rutger
Utopien für Realisten – Die Zeit ist reif für die 15-Stunden-Woche, offene Grenzen und das bedingungslose Grundeinkommen; rororo 2019

Büchele, Herwig; Wohlgenannt, Lieselotte
Grundeinkommen ohne Arbeit – Auf dem Weg zu einer kommunikativen Gesellschaft; ÖGB-Verlag 2016

Grund-Groiss, Georg
Das halbe Grundeinkommen – Der erste Schritt zu einer gerechteren Arbeitsgesellschaft; Braunmüller Verlag 2021

Hoffmann, Ute
Computerfrauen: Welchen Anteil haben Frauen an Computergeschichte und -arbeit? Hampp Verlag, 2. Auflage 1987

Kovce, Philip; Priddat, Birger
Bedingungsloses Grundeinkommen – Grundlagentexte; Suhrkamp Verlag 2019

Prainsack, Barbara
Vom Wert des Menschen – Warum wir das Bedingungslose Grundeinkommen brauchen; Brandstätter Verlag 2020

Ulrich, Peter
Integrative Wirtschaftsethik. Grundlagen einer lebensdienlichen
Ökonomie; Haupt Verlag, 4. vollständig neu bearbeitete Auflage

Zerilli, Linda M.G.
Feminismus und der Abgrund der Freiheit; Turia+Kant 2010

Literaturhinweis

Die vorliegende Publikation ist der 4. Band der Reihe **Überlegungen zum Grundeinkommen**, herausgegeben von der Friedensakademie Linz, www.friedensakademie.at, und vom Verein „Das Grundeinkommen", www.das-grundeinkommen.org.

Band 1:
Bedingungsloses Grundeinkommen für ALLE? Auch für mich?
Paul J. Ettl, Erstauflage März 2020, 4. Auflage November 2021
Verlag BoD, ISBN 9783750452060, e-book: 9783750491403

Band 2:
Grundeinkommen4Klimarettung
Guido Rüthemann, Herbst 2020
Verlag BoD, ISBN: 9783751982887, e-book: 9783752633245

Band 3:
Das Linzer Modell für ein bedingungsloses Grundeinkommen
Paul Ettl, November 2021
Verlag BoD, ISBN: 9783754300121, e-book: 9783755703709

Band 5:
Wie christlich ist das bedingungslose Grundeinkommen?
Hrsg. Paul Ettl, September 2023
Verlag BoD, ISBN: 9783757830205, e-book: 9783758377228